Carl Claus

Lamarck als Begründer der Deszendenzlehre

Carl Claus

Lamarck als Begründer der Deszendenzlehre

ISBN/EAN: 9783744668446

Hergestellt in Europa, USA, Kanada, Australien, Japan

Cover: Foto ©Thomas Meinert / pixelio.de

Weitere Bücher finden Sie auf **www.hansebooks.com**

Lamarck

als Begründer der Descendenzlehre.

Vortrag,

gehalten

im Wissenschaftlichen Club in Wien am 2. Jänner 1888

von

Dr. C. Claus,

o. ö. Professor der Zoologie und vergleichenden Anatomie
an der Universität Wien.

Wien, 1888.
Alfred Hölder,
k. k. Hof- und Universitätsbuchhändler.

Die umfassenden, nach Methode der Behandlung und Tiefe der Durchführung mustergiltigen Arbeiten Ch. Darwin's über die Entstehung der Arten haben im Laufe der Jahre einen durchschlagenden Erfolg errungen und die Lehre von der Descendenz zu allgemeiner Anerkennung gebracht. Seit Darwin erscheint der herkömmliche Begriff der Species, als einer von der Natur gegebenen unveränderlichen Einheit, für alle Zeiten beseitigt und die unverständliche, in mystisches Dunkel gehüllte Schöpfungshypothese der Arten aus der Wissenschaft endgiltig verbannt. Kein Forscher hält es im Ernste noch für möglich, daß die Arten selbstständig aus dem Schooße der Natur entsprungen und unabhängig von einander jede für sich durch einen besonderen Schöpfungsact ins Leben getreten sind. Jeder ist überzeugt, daß dieselben von älteren, gegenwärtig ausgestorbenen Arten abstammen, daß aus einfacheren und nieder organisirten Lebensformen auf dem Wege allmäliger nützlicher Abänderungen complicirtere Organismen entstanden sind und somit der Entwicklungsgang im Allgemeinen in aufsteigender Folge zum Vollkommenen fortgeschritten ist. Mit diesem tiefgreifenden Erfolge und dem endgiltigen Siege der Descendenzlehre über die Schöpfungshypothese hat die Biologie einen ungeahnten Aufschwung erfahren und ist in eine neue Epoche eingetreten, als deren Grenzstein Darwin's Werk über die Entstehung der Arten gelten muß. Nunmehr, da die Verwandtschaft der Organismen auf genealogische Blutsverwandtschaft zurückgeführt worden, scheint Goethe's Ausspruch: „Natürlich System ein widersprechender Ausdruck", wenigstens theoretisch anfechtbar, und wenn es auch der Forschung bei der stets unzureichend bleibenden thatsächlichen Grundlage unmöglich jemals gelingen kann, den unendlich reich gegliederten Stammbaum mit allen seinen unzähligen Aesten und Zweigen aufzudecken, so ist derselbe doch theoretisch, als aus der Entwicklung begründet, ableitbar. Damit aber hat die Naturbeschreibung begonnen, zur Naturgeschichte zu werden, und an Stelle der „graphischen" tritt mehr und mehr die „mechanische" Beschreibung, welche auch die morphologischen Disciplinen der Biologie den exacten Wissenschaften näher bringt. Eine Fülle neuer, meist stammesgeschichtlicher Probleme haben der neuen Epoche Richtung und Charakter vorgezeichnet, und in allen Zweigen der Biologie treten die genetischen Fragen in den Vordergrund.

Ganz anders steht es freilich mit dem Darwinismus im engeren Sinne, der Selectionstheorie, mit deren Hilfe Darwin die Vorgänge allmäliger Abänderung zu erklären und den Transformismus zu begründen suchte. Obwohl die in dem Selectionsprincip enthaltenen Factoren von Jedermann als thatsächlich bestehend anerkannt werden, vernimmt man doch über den Werth der natürlichen Zuchtwahl zur Erklärung der Artveränderung sehr verschiedene, zwischen den äußersten Extremen in allen Abstufungen schwankende Ansichten.

Auf der einen Seite stehen Forscher, welche der Zuchtwahl überhaupt[2] keinen Erfolg beimessen oder doch im Anschluß an den Botaniker Nägeli[3] den Werth derselben nur äußerst gering anschlagen und etwa zur Erklärung der zwischen den Arten bestehenden Lücken ausreichend finden, dagegen in inneren, in der

Molekularstructur der Organismen begründeten gesetzmäßigen Ursachen das treibende Moment finden wollen, durch welches eine fortschreitende Vervollkommnung und im Laufe bedeutender Zeiträume ein Artenwechsel in aufsteigender Folge vom Niedern zum Höhern bewirkt worden sei. Mit einer solchen zwar mechanisch ausgedachten, jedoch subjectiv construirten Lehre ist aber keine Erklärung gewonnen, sondern weit eher eine Verzichtleistung auf jede Erklärung ausgesprochen. Das entgegengesetzte Extrem wird von Forschern wie E. Häckel[1] und A. Weismann[2] vertreten, welche ohne Zuhilfenahme eines andern Principes mit der Selection zur Erklärung der Descendenz ausreichen zu können vermeinen. Trug doch der Jenenser Naturphilosoph kein Bedenken, Darwin's Lehre Newton's Gravitationstheorie als ebenbürtig an die Seite zu stellen, ja nach ihrem Werthe über dieselbe zu erheben, konnte er doch allen Ernstes die Behauptung vortragen, daß es sich bei der Wechselwirkung von Vererbung und Anpassung, auf welcher die natürliche Züchtung beruht, um eine einzige wirkende Ursache für das unendlich verwickelte Getriebe dieser ganzen reichen Erscheinungswelt handle, um ein einziges Gesetz, welches den gesammten Entwicklungsproceß von der Amöbe durch alle unzähligen Zwischenglieder hindurch bis zum Menschen mechanisch zu erklären im Stande sei! Und ähnlich, wenn auch in modificirter Begründung, will Weismann, von der Vorstellung geleitet, daß veränderte individuelle Variationen in der Natur des Keimplasmas ihre Ursache haben, aus diesen, ohne Hilfe eines andern Principes, lediglich mittelst Selection die unermeßliche Reihe von Umgestaltungen aus den ersten organischen Anfängen ableiten. Nur sind es nach ihm nicht die erworbenen, sondern die bereits im Keimplasma gegebenen, ererbten Eigenschaften, mit denen die Selection züchtet. An der molekularen Structur des Keimplasmas vollziehen sich die zahlreichen kleinen Abänderungen, bei den einzelligen Wesen bedingt durch die äußeren physischen Einflüsse, bei den vielzelligen Organismen in erster Linie durch den Einfluß der digenen Fortpflanzung, welche nach unserem Autor das Material an individuellen Unterschieden schafft, mittelst dessen die Selection neue Arten hervorbringt. Zahlreiche andere Forscher nehmen rücksichtlich der Werthschätzung des Selectionsprincipes eine allerdings wieder nach dem Maße des der Züchtung zugeschriebenen Einflusses mehrfach divergirende Zwischenstellung zwischen beiden Extremen ein, wenn sie zwar die Mannigfaltigkeit der Lebensformen mit ihren zahllosen zweckmäßigen Anpassungen ganz oder zum Theil auf Kosten der natürlichen Züchtung setzen, jedoch die Wirkung der letzteren keineswegs für ausreichend halten, um mit Hilfe derselben die gesammte Stufenfolge der Organisation von der Amöbe bis zum Menschen begreiflich zu finden. Dieselben schreiben vielmehr den größeren Antheil auf Rechnung unbekannter Factoren und recurriren bewußt oder unbewußt auf eine in der Natur gegebene teleologische Disposition der organischen Materie, gleichviel ob sie Bildungsgesetze mit einer denselben immanenten Vervollkommnungstendenz zu Hilfe nehmen oder von der Vorstellung einer fortschreitenden Entwicklung aus inneren Ursachen, beziehungsweise von einem Principe „bestimmt gerichteter Variationen" ausgehen.

Man überzeugt sich, wie bedeutend die Meinungen der Forscher über den Werth der Selectionslehre, die man wohl auch schlechthin als Darwinismus bezeichnet, nach verschiedenen Richtungen auseinanderweichen, und daß es lediglich die Lehre von der natürlichen Entstehung der Arten aus anderen bereits früher vorhandenen Arten, die Descendenz- oder Transmutationslehre ist, welche durch Darwin's Schriften zur allgemeinen Anerkennung gelangte. Diese Lehre ist aber keineswegs neu und Darwin eigenthümlich, sondern hat schon länger als ein halbes Jahrhundert vorher, zur Zeit der Naturphilosophie, vornehmlich in Deutschland und Frankreich Vertreter gefunden, welche freilich mehr durch Vernunftschlüsse als mit Hilfe zureichender, auf unangreifbare Thatsachen gestützter Theorien zu überzeugen suchten.

Der hervorragendste und auch durch die positiven Ergebnisse seiner Forschungen verdienstvollste dieser Männer ist ohne Frage Jean Baptist de Lamarck, welcher die Grundsätze seiner Abstammungslehre zuerst im Jahre 1802 in einer kleineren Schrift: „Considérations sur l'organisation des corps vivants" bekannt machte, aber erst später in der 1809 erschienenen „Philosophie zoologique" in zusammenhängender Darstellung ausführlicher begründete. Die Lehren dieses so hervorragenden Forschers, welche lange Jahre der Vergessenheit anheimgefallen waren, sind dieser zwar in neuester Zeit wieder entrückt, indessen durch Darwin's Schriften stark in den Schatten gestellt und keineswegs in dem Maße, als sie es verdienen, gewürdigt worden. Es dürfte daher zeitgemäß erscheinen, die Lehren Lamarck's einer näheren Betrachtung zu unterwerfen, zumal dieselben in den kurzen resumirenden Berichten entweder in übertriebenem Maße gerühmt und einseitig entstellt wurden oder ihrem Werthe nach unterschätzt eine nur ganz beiläufige Erwähnung fanden.

Jean Baptist de Lamarck war am 1. August 1744 als das elfte Kind eines angesehenen, aber wenig begüterten Edelmannes in der Picardie geboren und in früher Jugend zum geistlichen Stande bestimmt, später den Jesuiten in Amiens zur Erziehung übergeben. Indessen fand der junge Lamarck an diesem Berufe keinen Gefallen und entzog sich nach dem Tode seines

Vaters, im Jahre 1760, den ihm peinlich gewordenen Verhältnissen durch die Flucht, um in die französische Armee einzutreten, die damals, unter dem Commando des Fürsten von Soubise und des Marschalls von Broglie, den vom Fürsten Ferdinand von Braunschweig geführten verbündeten deutschen Heeren gegenüberstand. Lamarck fand sogleich Gelegenheit, sich durch Muth und persönliche Tapferkeit auszuzeichnen, avancirte rasch zum Officier und kam nach Beendigung des Krieges nach Toulon und Monaco in Garnison. Hier lernte er die Pflanzen der Umgebung kennen, die eine so große Anziehung auf ihn ausübten, daß er sich nach seinem bald erfolgten Austritt aus dem Militärdienst der Naturbeobachtung und insbesondere der Botanik widmete. Zur Beschaffung des Lebensunterhaltes arbeitete er bei einem Banquier in Paris, in den Mußestunden aber trieb er Naturwissenschaft und lernte auf Excursionen und im Jardin de Roi eine große Menge von Pflanzen kennen. Die Frucht vieljähriger Studien war die im Jahre 1778 erschienene „Flore française", ein dreibändiges, für die Kenntniß der französischen Flora bedeutungsvolles Werk, von welchem noch 37 Jahre später durch Decandolle eine zweite Ausgabe veranstaltet wurde. Trotz fortgesetzter verdienstvoller botanischer Arbeiten, welche in der von D'Alembert und Diderot herausgegebenen „Encyclopédie méthodique" veröffentlicht worden sind, wollte es Lamarck nicht glücken, eine gesicherte Stellung im Staatsdienste zu erringen und sich durch dieselbe während seiner besten Lebensjahre aus seiner precären Lage zu befreien. Erst in einem Alter von beinahe fünfzig Jahren trat er in eine feste Stellung ein: an dem neu gegründeten Musée d'histoire naturelle wurde ihm zur Seite des um fast 30 Jahre jüngeren Etienne Geoffroy-St.-Hilaire eine Professur für Zoologie verliehen. Geoffroy-St.-Hilaire sollte die höheren Thiere,

Lamarck die niederen Thiere, die Linné'schen Classen der Insecten und Würmer behandeln. Und mit ganzer Willensenergie und Arbeitskraft warf sich nun Lamarck auf das ihm zur Zeit noch wenig bekannte, überdies zum guten Theile in chaotischer Verwirrung befindliche Wissensgebiet, um nach einjähriger Vorbereitung im Frühjahre 1794 seine Lehrthätigkeit anzutreten. Schon in seinen ersten Vorlesungen begann er mit einer wesentlichen Verbesserung des Systems, mit der glücklichen Eintheilung der Thiere in die zwei Hauptabtheilungen der Wirbelthiere, mit den vier oberen Classen Linné's, den Säugethieren, Vögeln, Reptilien und Fischen, und der Wirbellosen, in welchen an Stelle der Insecten und Würmer die fünf Classen der Mollusken, Insecten, Würmer, Echinodermen und Polypen unterschieden wurden. Von Jahr zu Jahr machte nun die Verbesserung des Systems durch Lamarck weitere Fortschritte. Die Bezeichnung „Echinodermen" vertauschte er mit der Bezeichnung Radiaten, um in diese Classe auch die Medusen aufnehmen zu können. 1799 trennte er von den Insecten die Crustaceen und im folgenden Jahre auch die Arachniden als besondere Classen. Zwei Jahre später wurden die Anneliden von den im Wesentlichen auf die Entozoën beschränkten Würmern, sodann die Cirripedien von den Mollusken gesondert und als Classen unterschieden, endlich im Jahre 1807 die seither mit den Polypen vereinigten Infusorien als zehnte, am tiefsten stehende Classe der Wirbellosen aufgestellt, welche nunmehr zehn Classen in nachfolgender Stufenordnung umfassten: 1. Mollusken, 2. Cirripedien, 3. Anneliden, 4. Crustaceen, 5. Arachniden, 6. Insecten, 7. Würmer, 8. Radiaten, 9. Polypen und 10. Infusorien.

In diesen zehn Classen der Wirbellosen, durch deren Aufstellung sich Lamarck ein unbestreitbar grosses Verdienst um die

Fortentwicklung des Systems erworben hat, liegt im Wesentlichen bereits Cuvier's berühmte Classification vorbereitet, welche auf lange Zeit hinaus für die Wissenschaft maßgebend wurde und vornehmlich dadurch einen weiteren Fortschritt anbahnte, daß die Classen der Wirbellosen zu drei Abtheilungen höherer Stufe gruppirt wurden, welche als die Thierkreise der Mollusken, Articulaten und Radiaten den Vertebraten gleichwerthig zur Seite standen. Die vier letzten Classen Lamarck's setzten den letzten Thierkreis Cuvier's zusammen, für welche der Name „Radiaten" in Verwendung kam, während die bisher so bezeichnete Classe Lamarck's eine Auflösung in die zwei Classen der Echinodermen und Acalephen erfuhr. In Cuvier's Articulaten finden wir die Lamarck'schen Classen der Anneliden, Crustaceen, Arachniden und Insecten unverändert aufgenommen, während die Classen des Molluskenkreises außer den Cirripedien mehreren, bereits von Lamarck als Unterabtheilungen der Molluskenclasse unterschiedenen Gruppen entsprechen.

Dieser so bedeutende, im wesentlichen bereits Cuvier's System einschließende Fortschritt in der Classification der Thiere ergab sich aber als die Frucht von sehr umfassenden mühevollen Detailstudien, welche Lamarck in mehreren Schriften und besonders in seiner sieben Bände umfassenden „Histoire naturelle sur les animaux sans vertébrés" niederlegte. Das letztgenannte descriptiv-systematische Werk, ein Zeugniß von dem großen Fleiße des Verfassers, enthält eine bewunderungswürdige Fülle selbstständiger Beobachtungen und ist für die Naturgeschichte und Formkenntniß der niederen Thiere auf lange Jahre hin maßgebend gewesen. Demselben verdankt Lamarck seinen Ruf als Naturforscher ersten Ranges, wogegen seine schon früher veröffentlichte „Philosophie zoologique" und die in derselben begründete Descendenzlehre gar bald der Vergessenheit anheimfiel, aus welcher sie erst in neuester Zeit durch den Erfolg der Darwinistischen Lehren wieder in das Gedächtniß der Forscher zurückgerufen wurde. Leider war Lamarck ein Alter voll Sorge und Leid beschieden. Die jahrelang geübte Untersuchung kleiner Objecte hatte seine Augen in dem Maße geschwächt, daß dieselben zuletzt vollständig erblindeten. So lebte er „die letzten zehn Jahre seines arbeitsamen Lebens in Finsterniß versenkt" und überdies nach dem Verluste seiner Ersparnisse auf die Einnahme seiner geringen Besoldung angewiesen, in materiell beschränkter, fast hilfloser Lage, bis er am 18. December 1829 in dem hohen Alter von 85 Jahren starb.

Die philosophischen Ansichten, welche unsern Forscher zur Aufstellung seiner Abstammungslehre führten, hatten eine sehr reiche, während vieler Decennien eifriger Studien gesammelte Erfahrung zur Unterlage. Lamarck war mit einer erstaunlich großen Zahl von Thier- und Pflanzenarten bekannt geworden, und es war ihm nicht entgangen, daß die Individuen derselben mit dem Wechsel ihres Aufenthaltsortes unter dem Einflusse der hiemit veränderten Ernährungsbedingungen in den Proportionen ihrer Theile, in der Gestalt und Organisation mannigfache Abänderungen erfahren. Ferner hatte er an zahlreichen Arten, und insbesondere an solchen, welche zu sehr umfangreichen Gattungen gehören, die Erfahrung gemacht, daß sie in verschiedenen Abstufungen Uebergänge zeigen, sowie oft nur sehr schwer und durch höchst geringfügige Unterschiede von einander abzugrenzen sind, daß sie sich in verzweigte Reihen anordnen lassen, die oft kaum Unterbrechungen zeigen. „Die in Reihen angeordneten und nach den Beziehungen (d. h. nach Maßgabe ihrer Verwandtschaft) zusammengestellten Arten dieser Gattungen unterscheiden sich von den ihnen nächststehenden so wenig, daß alle Abstufungen vorhanden sind, und daß diese Arten gewissermaßen ineinander übergehen." ⁹⁾ Lamarck leugnete daher den begrifflichen Gegensatz der Art zu dem der Varietät oder Race und erkannte in der ersteren nur eine weiter vorgeschrittene Stufe der durch die letztere vorbereiteten Abänderung, deren Abhängigkeit von dem Wechsel des Standortes und Klimas, der Lebensweise und den Gewohnheiten er in vielen Fällen als unwiderlegbare Thatsache nachweisen zu können glaubte. Die Stabilität der Art war ihm daher nur eine scheinbare und ihre allgemeine Geltung als thatsächliche Wahrheit aus dem Umstande erklärlich, daß man gewohnt ist, die kurze Zeit menschlicher Beobachtung als maßgebend für die Beurtheilung zu betrachten, und die unermeßlich großen Zeiträume nicht in Anschlag zu bringen, während derer sich die großen Veränderungen auf der Oberfläche unseres Planeten vollzogen haben, und für welche die im Boden gehäuften Denkmäler, die versteinerten Thier- und Pflanzenreste, ein beweisendes Zeugniß abgeben. Wenn man die Uebereinstimmung der vor dreitausend Jahren in Egypten einbalsamirten Thiere, wie des Ibis, Krokodils ꝛc. mit den jetzt dort lebenden für die Constanz der Arten verwerthen wolle, so übersehe man nicht nur, daß einige tausend Jahre im Vergleich zu den Zeiträumen der Veränderung der Erdoberfläche eine äußerst kurze Zeit vorstellen, sondern auch, daß seit derselben die Lage und das Klima Egyptens dieselben geblieben seien.

Da nun aber die Veränderungen nur sehr langsam und für uns unmerklich vorgehen, so scheinen die Gestalts- und Organisationsverhältnisse für den Beobachter constant zu bleiben. In Wahrheit aber hat jede Art nur eine relative, auf eine gewisse Zeit begrenzte und der Dauer der auf sie einwirkenden Umstände entsprechende Constanz; erst wenn die auf die Lebensweise ihrer

Individuen einwirkenden Umstände sich ändern, beginnen dieselben gemäß jenen zu variiren und neue Racen oder Arten zu bilden, so daß nach Ablauf einer sehr großen Zahl von aufeinander folgenden Generationen die Individuen einer bestimmten Art in eine neue, von dieser verschiedenen Art umgewandelt sind.

Es zeigen aber auch die systematischen Kategorien von der Gattung an bis zu der Classe allmälige Uebergänge und Reihen continuirlicher Abstufungen vom Einfacheren zum Vollkommneren. Von dem einen bis zum andern Ende der thierischen Organisation läßt sich eine Schritt für Schritt zunehmende Complication der nach Racen und Arten abändernden Individuen nachweisen; es folgt daraus, daß sich Thiere und Pflanzen als wahre Naturerzeugnisse während unbegrenzter Zeiträume in aufsteigender Folge vom Niederen zum Höheren auf dem Wege des Artenwechsels entwickelten, und daß die niedersten und einfachsten Organismen zuerst (und zwar spontan durch Ueberzeugung entstanden) auftraten und „ausgestattet mit dem Keime des beginnenden Lebens und der organischen Bewegung" mit der Zeit Organe bildeten und unter allmälig fortschreitender Vervielfältigung derselben neue, complicirtere Racen und Arten hervorbrachten, es folgt weiterhin, daß alle jetzt lebenden Organismen aus älteren, früher existirenden Formen unter unmerklichen Umgestaltungen hervorgegangen sind. Die Ueberreste dieser älteren Thier- und Pflanzenarten, welche als Vorfahren der jetzt lebenden Arten in früheren Zeiten die Erdoberfläche unseres Planeten bevölkerten, finden wir in den Versteinerungen erhalten. Für die Vernichtung derselben durch allgemeine Erdkatastrophen fehlen die Beweise, dagegen reicht die bessere Kenntniß der in der Gegenwart zu beobachtenden Naturvorgänge aus, um eine sprungweise eingetretene Entwicklung auszuschließen und den in langsamen und in allmäligen Uebergängen erfolgten continuirlichen Verlauf der Erdgeschichte über jeden Zweifel zu erheben.

Auch der Mensch wird seiner Entstehung nach in gleicher Weise aus einer tieferen, den Quadrumanen zugehörigen Stammform abgeleitet, die sich an die aufrechte Haltung des Körpers gewöhnt und zugleich mit dem aufrechten Gang eine höhere geistige Entwicklung genommen, dann allmälig im Anschluß an diese und das Bedürfniß gesteigerter Mittheilung die Fähigkeit, articulirte Laute zu bilden, sowie als höheren Grad des Urtheilsvermögens die Vernunft gewonnen hatte.

In Consequenz dieser mit der modernen Transmutationslehre, wie dieselbe von Darwin entwickelt wurde, im Wesentlichen übereinstimmenden Anschauungen erkennt Lamarck in dem System lediglich ein Werk des menschlichen Geistes, entsprungen aus dem Bedürfniß desselben, die ungeheure Zahl von Objecten in geordneter Uebersicht vergleichen zu können; die Kategorien des Systems von der Classe herab bis zur Gattung erscheinen ihm nur wie seinerzeit Buffon als künstliche Hilfsmittel zum besseren Vergleiche und tieferen Studium ausgedacht und benannt. Aehnlich verhält es sich mit dem Begriff der Arten, welche lediglich Sammlungen sehr ähnlicher, durch die Generationsfolge verbundener Einzelwesen vorstellen und von Racen nicht abzugrenzen sind. Nur die Einzelwesen existiren in der Natur und besitzen die Bedeutung realer Einheiten; sie gleichen denen, welche sie hervorgebracht, und erhalten sich so lange unverändert, als keine Ursache der Veränderung auf sie einwirkt.

Um die Richtigkeit seiner Lehren zu beweisen, bildete Lamarck auf Grund zahlreicher Beobachtungen und thatsächlicher Vorgänge des Naturlebens eine Theorie aus, welche auf dem Principe der directen Anpassung beruht. Als Ausgangspunkt benützt er die sichere, keinem Zweifel unterworfene Thatsache, daß die Verhältnisse, unter welchen die Organismen leben, auf den Zustand derselben einen großen Einfluß ausüben. Diese Verhältnisse bleiben aber keineswegs unverändert und waren ebensowenig zu allen Zeiten dieselben. Vielmehr machten sich gar oft im Zusammenhange mit der wechselnden physischen Beschaffenheit der Natur neue, von den frühern verschiedene Lebensbedingungen geltend, welche auf die Organismen umgestaltend einwirken mußten. Die allmälig eingetretenen tellurischen und klimatischen Veränderungen wird Niemand in Frage stellen können. Kein Punkt der Erdoberfläche verharrte unausgesetzt in demselben Zustande, sondern erfuhr mit der Zeit mehr oder minder tiefgreifende Umgestaltungen. Das Verhältniß in der Vertheilung von Wasser und Land wurde allmälig ein anderes, durch die Wirkung des Wassers und der Atmosphärilien wurden die Höhen abgetragen, die losgelösten Erdtheile den Niederungen zugeführt und am Ufer der Flüsse, sowie an den Küsten angeschwemmt. Demnach veränderten die Flußbette und Meeresgrenzen ihre Gestalt und Lage, und auch die klimatischen Verhältnisse der verschiedenen Länder unterlagen einem allmäligen Wechsel. Die in Folge dieser physischen Vorgänge veranlaßten Veränderungen der Verhältnisse wirkten aber abändernd auf die Organisation von Pflanzen und Thieren ein, auf jene rein passiv nach dem Wechsel des Standortes, der Temperatur, Feuchtigkeit und des Klimas durch bessere oder schlechtere Ernährung, auf diese mehr indirect unter dem Einflusse des Willens und des von diesem abhängigen vermehrten oder verminderten Gebrauches der Organe. Die hierbei sich abspielenden Vorgänge sucht Lamarck in der Weise verständlich zu machen, daß er zunächst aus jeder ein wenig beträchtlichen und längere Zeit andauernden Veränderung in den Verhältnissen eine Modificirung der Bedürfnisse ableitet, zu deren Befriedigung die Organe zu besonderer und entsprechend veränderter Thätigkeit angestrengt wurden. Die wiederholten und schließlich gewohnheitsmäßig gewordenen Thätigkeiten, welche zur Befriedigung der neuen Bedürfnisse nothwendig waren, setzten aber den größeren Gebrauch der in Betracht kommenden Organe voraus und hatten demgemäß die stärkere Entwicklung derselben zur Folge, oder sie bewirkten die allmälige Erwerbung neuer Organe, welche die gemachten Anstrengungen zum modificirten Gebrauche aus jenen entstehen ließen. Wie aber der vermehrte Gebrauch eines Organes dasselbe größer und in Folge des vermehrten Zuflusses der Säfte stärker macht und ihm die Kraft gibt, welche zum Gebrauche in richtigem Verhältnisse steht, so führte auch umgekehrt der durch die veränderten Verhältnisse bedingte geringere Gebrauch, beziehungsweise Nichtgebrauch eines Organes zur Herabsetzung seiner Stärke, zur Reduction und schließlich zum Schwunde desselben. Die Gestaltveränderungen, welche im Leben des Individuums durch den Einfluß des verstärkten Gebrauches oder constanten Nichtgebrauches von Organen erworben wurden, konnten nur geringfügig sein, sie vererbten sich aber durch die Fortpflanzung auf die Nachkommen und wurden bei andauernder Fortwirkung der modificirten Verhältnisse in der Generationsfolge in immer höherem Maße gesteigert. Die anfangs unmerklichen Variationen mußten ganz allmälig nach einer sehr großen Zahl von Generationen zu Varietäten und diese im Laufe großer Zeiträume, denen gegenüber die Zeit menschlicher Beobachtung eine sehr geringe ist, zu neuen Racen oder Arten werden. Während man mit der Wahrnehmung der Wechselbeziehung, welche zwischen der Gestalt der Organe und deren Functionen besteht, gemeiniglich die Gestalt als das primäre, die letzteren bedingende betrachtet, wenn man auch für diese wiederum wie Goethe in der bekannten Stelle seines schönen Gedichtes über die Metamorphose der Thiere:

> „Also bestimmt die Gestalt die Lebensweise des Thieres
> Und die Weise zu leben, sie wirkt auf alle Gestalten
> Mächtig zurück . . ."

einen secundär rückwirkenden Einfluß zugesteht, vertrat Lamarck schon in seinen „Recherches sur les corps vivants", p. 50, die umgekehrte Meinung.

„Nicht die Organe, das heißt die Natur und Gestalt der Körpertheile eines Thieres haben seine Gewohnheiten und seine besonderen Fähigkeiten hervorgerufen, sondern umgekehrt seine Gewohnheiten, seine Lebensweise und die Verhältnisse, in denen sich die Individuen, von denen das Thier abstammt, befanden, haben mit der Zeit seine Körpertheile, die Zahl und den Zustand seiner Organe und seine Fähigkeiten bestimmt."[9] Mit anderen Worten, die Anstrengung, den veränderten Lebensbedingungen den Gebrauch der Organe anzupassen, der Wille des Thieres zum Leben haben die besonderen Einrichtungen geschaffen. In dieser Anschauung traf mit Lamarck einige Decennien später der Philosoph Schopenhauer[10] zusammen, welcher freilich den Willen in metaphysischem Sinne als vor dem Vorhandensein des Organismus existirend und den Leib des Organismus als „den in die Vorstellung getretenen, in der Erkenntnißform angeschauten Willen" betrachtet und demgemäß zu Lamarck in einem ähnlichen Gegensatz stand wie Plato etwa zu Aristoteles. Nach Schopenhauer ist „jedes Organ der Ausdruck einer universalen, das heißt ein- für allemal gemachten Willensäußerung, einer fixirten Sehnsucht, eines Willensactes nicht des Individuums, sondern der Species". Jede Thiergestalt ist eine von den Umständen hervorgerufene Sehnsucht des Willens zum Leben, dieser aber ist etwas Metaphysisches außerhalb der Zeit, das Ding an sich, für das es kein Nach- und Nebeneinander gibt. Daher tadelt er denn auch Lamarck, daß derselbe trotz seiner richtigen und tiefen Auffassung der Natur, die ihm die Bedeutung des Willens zur Erkenntniß gebracht habe, die Wirkung des Willens in der Zeit durch Succession der Generationen habe erklären wollen. Ueberdies ergebe sich gegen jene Lehre der augenfällige Einwurf, daß die Thierspecies, bevor sie im Laufe unzähliger Generationen die zu ihrer Erhaltung nothwendigen Organe hervorgebracht, über diese Bemühungen wegen Mangels derselben zu Grunde gegangen und ausgestorben sein müsse. Aber abgesehen davon, daß der Wille im metaphysischen Sinne Schopenhauer's außerhalb jedweder Vorstellung liegt und für den von der Anschauung und concreten Erfahrung ausgehenden Forscher unannehmbar ist, findet der Einwand seine sofortige Zurückweisung, insoferne er auf einer Lamarck fremden Auffassung und auf einer in dieser Lehre gar nicht enthaltenen Unterstellung beruht, als ob schon beim Beginne der sich allmälig verändernden physischen Verhältnisse die fertige Abänderung des Organes als zur Erhaltung des Organismus nothwendig hätte vorhanden sein müssen, eine Vorstellung, welche in etwas verändertem Sinne (übertragen auf den Nutzen der Abänderung) auch in der modernen Darstellung des Transformismus als Einwand (Mivart) Aufnahme fand.

Lamarck begnügte sich übrigens nicht mit der abstracten Darstellung seiner Theorie, sondern suchte dieselbe durch eine Reihe von Beispielen zu beleuchten. Um zu beweisen, daß der lange Zeit hindurch fortgesetzte Nichtgebrauch eines Organes die Leistungen desselben abschwächt und seine Ausbildung stufenweise bis zum Verschwinden herabsetzt, verweist er auf die zahllosen

Kiefer der Bartenwale, Ameisenfresser und Vögel, von denen sich bei den ersten nach Geoffroy's Entdeckungen Zahnreste noch im Fötalzustande erhalten haben, sodann auf die Reduction der Augen bei zahlreichen im Erdboden oder in unterirdischen Höhlen lebenden Thieren, welche wie der europäische Maulwurf oder der egyptische Blindwurf, sowie der bei uns in Krain und Kärnten einheimische Grottenolm vom Sehvermögen keinen Gebrauch machen können und deshalb nur noch ganz verkümmerte, unter der Haut verborgene Augen besitzen. In ähnlicher Weise wird der Mangel der Extremitäten bei den Schlangen und das Fehlen der Flügel bei zahlreichen Insecten auf den lange Zeit hindurch in unzähligen Generationen ausgefallenen Gebrauch dieser Körpertheile zurückgeführt.

Für die Wirkung des verstärkten, beziehungsweise modificirten Gebrauches der Organe auf kräftigere Ausbildung und Erzeugung neuer Organe aus Theilen der alten führt Lamarck eine große Reihe von Beispielen an, welche zugleich die Zweckmäßigkeit der Anpassungen als nothwendige Folge erscheinen lassen und für dieselbe somit eine mechanische Erklärung begründen. Die Schwimmhäute zwischen den Zehen der Schwimmvögel und zahlreicher anderer Wasserthiere, wie der Frösche, des Bibers, der Fischotter, sind dadurch entstanden, daß es früheren Racen derselben, welche jene Häute noch nicht besaßen, durch das Bedürfniß nach Lebensunterhalt auf das Wasser verwiesen, in diesem die Zehen auseinanderspreizten und zu schwimmen sich anstrengten. Die kurze Verbindungshaut der Zehen wurde im Laufe der Generationen, auf die sich die von den Vorfahren erworbenen Anfänge dieser Bildung vererbten, allmälig umfangreicher und mit der Zeit schließlich zu einer breiten, der Bewegung im Wasser zweckmäßig angepaßten Schwimmhaut. Aehnlich verhält es sich mit der Entstehung seitlicher Hautausbreitungen am Körper verschiedener, dem Luftleben angepaßter, zur Flugbewegung befähigter Säugethiere. Zuerst entwickelte sich längs des Rumpfes zwischen vorderer und hinterer Gliedmaße ein schmaler Hautsaum, welcher als Fallschirm das Vermögen weiter Sprünge verstärkte. Aus derartigen Anfängen, wie wir sie jetzt noch bei gewissen Sciuriden und springenden Beutlern finden, bildete sich durch fortgesetzten Gebrauch im Laufe der Zeit die viel breitere, umfangreichere Hautduplicatur aus, welche bei Galeopithecus Vorderbeine und Hinterbeine ihrer ganzen Länge nach verbindet und sich auch nach hinten um den Schwanz verlängert. Die größte Ausbreitung erlangte die seitliche Haut bei den Fledermäusen, bei denen die Gewohnheit, Gliedmaßen und Zehen auszubreiten, um sich bei der Bewegung durch die Luft schwebend zu erhalten, wahrscheinlich noch viel älter ist und weit längere Zeit geübt wurde. Die seitlichen Häute breiteten sich bei diesen Säugethieren auch zwischen den Fingern aus, welche durch das fortgesetzte Bestreben, die Flatterbewegung zu verstärken, in außerordentlichem Grade verlängert und zu großen häutigen Flügeln wurden.

Eine ähnliche Bewandtniß hat es nach Lamarck mit der Entstehung der langen nackten Läufe der Strandvögel, welche diese dem Waten am seichten Ufer und auf sumpfigem Terrain verdanken, ferner mit der langen Zunge der Spechte und Kolibris, der Eidechsen und Schlangen. Die Giraffe mit ihrem langen Halse und Vorderbeinen gewann diese wunderliche Gestalt in Folge der Lebensweise. Im heißen Afrika, auf dürrem kräuterlosen Boden, gezwungen, sich vom Laub hoher Bäume zu ernähren, bildeten sich durch die fortgesetzten Anstrengungen, dieses zu erreichen, ihr Hals und Vorderbeine allmälig zu der ungewöhnlichen Länge aus. So erhielten die Wiederkäuer ihre

Hörner und Geweihe, da sie gezwungen waren, durch Stoßen mit dem Kopfe zu kämpfen. Auch die veränderte Lage einzelner Organe findet ihre Erklärung mit Rücksicht auf die den Verhältnissen entsprechenden Bedürfnisse aus den beständigen Bemühungen des Organismus, jenen Genüge zu leisten. Die hohen, seitlich comprimirten Schollen, welche auf seichtem Grunde in der Nähe des Strandes ihren Lebensunterhalt finden, waren gezwungen, auf einer der flachen Seiten zu schwimmen und während der Ruhe auf dem Boden aufzuliegen. Da diese Thiere, sowohl wegen der Beschaffung des Nahrungsmaterials als der Nachstellungen ihrer Feinde halber, ihr Augenmerk auf die Vorgänge oberhalb ihrer dem Lichte zugewandten Seite zu richten hatten, so machten sie ununterbrochen Anstrengungen, auch das zweite der aufliegenden Seite angehörige Auge in eine zur Aufnahme des Lichtes günstigere Lage zu bringen und gewannen auf diese Art im Laufe der Zeit ihre auffällige, so charakteristische Asymmetrie. Und nicht nur die Besonderheiten einzelner, den Lebensumständen entsprechend gestalteter Organe, sondern auch die Combinationen derselben, sowie der gesammte Bau des Organismus in der zweckmäßigen Wechselbeziehung seiner Theile zu einander und zu den Verhältnissen des Aufenthaltes, der Bewegungs- und Ernährungsweise wird von Lamarck in gleicher Art als das Resultat der Verhältnisse, denen die Thiere der Natur ausgesetzt wurden, zu erklären versucht. Das fast ganz auf das Baumleben verwiesene, sich von Blättern ernährende Faulthier besitzt seine langen Vorderbeine, weil es beständige Anstrengungen machte, beim Klettern Baumzweige zu erreichen, und die kräftigen sichelförmig gebogenen Klammerkrallen an denselben, mit denen es sich zugleich ununterbrochen bemühte, die Aeste zu umklammern. Die seitliche Beweglichkeit der Finger ist in Folge des Nichtgebrauches dieser Bewegungen verloren gegangen, die Besonderheiten in der Gestaltung der Schenkel und der Beckenform, die Verwachsung mancher Knochen und die gesammte Configuration des Skelets hat sich aus der gewohnheitsmäßig gewordenen Bewegungsweise beim Klettern entwickelt. Man wundert sich, daß Lamarck in Consequenz seiner Lehre nicht weiter auf die Beschaffenheit des Haarkleides, des Gebisses, des Darmcanales und aller anderen Organe näher einging, die Eigenthümlichkeiten derselben nicht in gleicher Weise aus dem besonderen Gebrauche ableitete und wenigstens an einem Beispiele eine vollständige anatomisch-physiologische Analyse nach den Principien seiner Anpassungslehre zu geben versuchte.

Indessen war Lamarck weit entfernt, mittelst seiner Theorie den gesammten Verlauf der Entwicklungsvorgänge, welchen die Organismen bis zu dem gegenwärtigen Zustande der Lebewelt genommen haben, erklären zu wollen. Neben jener trat vielmehr noch ein zweites Princip in den Vordergrund, welches die gleichzeitige Wirkung organischer Bildungsgesetze in Anspruch nahm. Diese, in einer unerforschlichen ersten Ursache, in dem Willen des erhabenen Urhebers aller Dinge begründet, sollten die Stufenfolge bewirkt haben, in welcher sich Thiere und Pflanzen in fortschreitender Ausbildung der Organisation vom Einfachen zum Complicirten entwickelten. Denn wenn auch die Systeme mit ihren Kategorien und Fachwerken künstliche Hilfsmittel und Producte des menschlichen Geistes sind, so besteht doch eine in der Natur zugleich mit dem Proceß der allmäligen Entwicklung gegebene Ordnung, welche wir durch die Erforschung der Beziehungen zwischen den Organismen, das heißt der natürlichen Verwandtschaft derselben annäherungsweise zu bestimmen vermögen. Diese Stufenordnung sollte in den vom Niedern zum Höhern aufsteigenden vierzehn Thierclassen und in den für diese charakteristischen Fortschritten der Organisation ihren naturgemäßen Ausdruck finden und erkannt werden, indem man die natürliche Reihe der Thiere von dem höchsten und vollkommensten bis zu den einfachsten und unvollkommensten oder in umgekehrter Reihenfolge durchläuft. Doch auch hier sind die Grenzen, die wir zwischen den Classen und ebenso zwischen den zu den Kategorien niederer Ordnung innerhalb jener gruppirten Artencomplexen abstecken, das Künstliche, weil durch unsere unvollkommene Kenntniß von der Artenfolge, durch die großen Lücken und Unterbrechungen derselben bedingt. Wäre die unaufhörlich auf Verwicklung der Organisation hinstrebende Ursache die einzige, welche Abänderungen jener hervorruft, so würde die Stufenfolge der Thiere eine regelmäßige sein; in Wahrheit aber erscheint dieselbe sehr unregelmäßig, und zwar in Folge der zweiten, auf Abänderungen hinwirkenden Ursache, des Einflusses einer großen Zahl verschiedener Verhältnisse, welche die Anpassung im Einzelnen vermitteln und bestrebt sind, Störungen in der durch die Bildungsgesetze bedingten Arbeit der Natur, sowie Abweichungen in der continuirlichen Stufenfolge der Organisation herbeizuführen.

Im Einzelnen wird es oft schwer, die Wirkung beider Einflüsse abzugrenzen und das, was thatsächlich der Abstufung angehört, von dem zu unterscheiden, was sich in Folge des Wohnortes, der Lebensweise und Gewohnheiten im Laufe langer Zeitperioden entwickelt hat. Beispielsweise ergibt es sich bei Betrachtung der Säugethiere, daß die Besonderheiten in der Gestalt und Organisation vornehmlich der Cetaceen und Pinnipedien von der Einwirkung des umgebenden Mediums und der in demselben geübten Bewegungs- und Ernährungsweise abzuleiten ist.

Wenn wir nun die von Lamarck als Beweisgründe für die natürliche Stufenfolge der Classen herangezogenen Charaktere näher betrachten, so finden wir freilich, daß oft auf höchst untergeordnete Punkte ein entscheidender Werth gelegt oder ganz unrichtige, thatsächlich nicht bestehende Verhältnisse als maßgebend vorangestellt wurden. Die niedersten Thierclassen sollten noch aller Organe mit Ausnahme des Verdauungscanals entbehren und sich lediglich ungeschlechtlich fortpflanzen. Erst mit den Insecten sollte das Nervensystem auftreten und hier auf ein knotiges Bauchmark beschränkt sein. Dieselben konnten auf eine tiefere Stufe als die Arachniden gestellt werden, weil sie eine Metamorphose durchlaufen und sich nur ein einziges Mal im Leben fortpflanzen. Die Crustaceen wurden für höher und vollkommener als die Arachniden beurtheilt, weil sie durch wahre Kiemen athmen und außer dem knotigen Bauchmark ein Gehirn, sowie Circulationsorgane besitzen. Wiederum höher auf der Stufenleiter waren die Anneliden gestellt, weil sie bei vorhandenem Gehirn, Kiemen und Herz der gegliederten Füße entbehren und andererseits die Reihe derjenigen, welche diese besitzen, nicht unterbrechen dürfen. Dieselben folgten aber auf die Cirripedien, weil die letzteren durch den Besitz eines Mantels an die acephalen Mollusken anschließen, mit denen sie wegen des knotigen Bauchmarks nicht zu vereinigen seien. Als die höchst organisirten Wirbellosen gelten die Mollusken und werden in der Stufenfolge den Fischen angereiht, weil sie bei dem Mangel eines knotigen Bauchmarkes ein Gehirn besitzen, von welchem die Nerven ausstrahlen und somit durch ihr Nervensystem eine Zwischenstellung zwischen Wirbellosen und Wirbelthieren einnehmen.

Durch diese zahlreichen und bedeutenden Irrungen, die wir auf Rechnung des damaligen Standes der Wissenschaft zu schreiben, nicht aber Lamarck zur Last zu legen haben, war jedoch die Brauchbarkeit des Principes nicht widerlegt. Nicht nur der

Grundgedanke, welcher die Lehre von der Stufenordnung bestimmte, sondern auch die Verknüpfung des Anpassungsprincipes mit der Wirkungsweise von Bildungsgesetzen erscheint logisch durchaus berechtigt. In jenem handelte es sich um einen nachweisbaren, unserer Einsicht zugänglichen Mechanismus, der uns zugleich, wenn nicht für alle, doch für zahlreiche Erscheinungen zweckmäßiger Harmonie zwischen Form und Leistung eine Art Erklärung gab. In diesen erkannte Lamarck zwar auch eine streng mechanisch-physikalische Wirkungsweise an, denn es waren für ihn alle Organismen Naturerzeugnisse, von denen die einfachsten und niedrigsten unter günstigen Bedingungen als Urzeugungen ins Leben traten und noch fortwährend entstehen, mit dem Keime des beginnenden Lebens und der Beanlagung zu fortschreitend höherer Entwicklung und dem entsprechend neue Organe zu bilden, um nach Ablauf ungeheurer Zeiträume alle anderen Thierracen hervorzubringen. Dagegen verzichtete er in vollem Verständniß der Erkenntnißgrenze für die menschliche Vernunft auf die Möglichkeit, eine Einsicht in die erste Ursache der Bildungsgesetze zu gewinnen, und schrieb dieselbe dem Willen des erhabenen Urhebers aller Dinge zu. „Soll ich," sprach er" aus, „die Größe der Macht dieser ersten Ursache aller Dinge weniger bewundern, wenn es ihr gefallen hat, daß die Dinge so seien, als wenn sie durch eben so viele Willensäußerungen sich fortwährend mit den Einzelnheiten aller besonderen Schöpfungen, aller Veränderungen, jeder Entwicklung und Vervollkommnung, aller Zerstörungen und aller Erneuerungen, kurz mit allen Verwandlungen, die in den Dingen vor sich gehen, beschäftigt hätte und noch beschäftigte?" Und an einer anderen Stelle: „Es besteht also eine natürliche Ordnung für die Thiere wie für die Pflanzen, welche vom erhabenen Urheber aller Dinge eingesetzt worden ist. Sie ist nur die allgemeine und unabänderliche Ordnung, welche dieser erhabene Schöpfer überall geschaffen hat, nur die Gesammtheit der allgemeinen und besonderen Gesetze. Durch diese Mittel, von denen die Natur fortwährend einen ungestörten Gebrauch machte, brachte und bringt sie noch beständig ihre Erzeugnisse hervor, verändert und erneuert sie unaufhörlich und erhält so überall die gesammte Ordnung." Und am Schlusse seiner „Zoologischen Philosophie": „Die Natur, diese unermeßliche Gesammtheit aller der verschiedenen Wesen und Körper, in allen deren Theilen ein ewiger Kreislauf von durch Gesetze regierten Bewegungen und Veränderungen besteht, diese Gesammtheit, die allein unveränderlich ist, so lange es ihrem erhabenen Urheber gefällt, daß sie existire, muß als ein Ganzes betrachtet werden, das aus seinen Theilen zu einem Zwecke, den blos sein Urheber kennt, und nicht ausschließlich für einen von diesen Theilen gebildet wird."

Und das ist derselbe Lamarck, von welchem der Jenenser Naturphilosoph uns zu berichten weiß, „daß Lamarck's Werk ein vollständiges, streng monistisches Natursystem sei, daß alle wichtigen allgemeinen Grundsätze der monistischen Biologie bereits von ihm vertreten werden: die Einheit der wirkenden Ursachen in der organischen und anorganischen Natur, der letzte Grund dieser Ursachen in den chemischen und physikalischen Eigenschaften der Materie, der Mangel einer organischen Lebenskraft oder einer organischen Endursache x.!"

Die Lehre Lamarck's fiel schon zur Lebenszeit ihres Autors der Vergessenheit anheim, welcher sie erst wieder entrissen wurde, als Darwin's Schriften die allgemeine Aufmerksamkeit der Naturforscher auf sich zogen. In der ersten Hälfte des Jahrhunderts konnte dieselbe aus mehrfachen Gründen weder Beifall noch Aufnahme finden. Vor Allem standen ihr die auf eine strengere Forschungsmethode und durch eine Fülle positiver Untersuchungsergebnisse gestützten Lehren Cuvier's entgegen, welche damals in den biologischen Wissenschaften die herrschenden waren und denen man auch in Deutschland umsomehr huldigte, als hier der gesunde, auf Erfahrungen gerichtete Sinn der Naturforscher in Folge der speculativen Uebergriffe und phantastischen Constructionen deutscher Naturphilosophen, wie Schelling und Oken, auch vor maßvoller gehaltenen Speculationen zurückschreckte. So konnte es geschehen, daß Cuvier in seiner Gedenkrede, welche er am 26. November 1832 vor der Académie des Sciences in Paris auf Lamarck hielt, die Lehre desselben mit den Worten abfertigte „Un système appuyé sur de pareilles bases peut amuser l'imagination d'un poète; un métaphysicien peut en dériver toute une autre génération de systèmes; mais il ne peut soutenir au moment l'examen de quiconque a disséqué une main, un viscère, ou seulement une plume." In Deutschland war Lamarck's Lehre überhaupt nur wenig bekannt geworden, wenngleich sie einzelne hervorragende Naturforscher wie J. F. Meckel[11] in Berücksichtigung zogen und derselben manche Zugeständnisse machten. Ein zweites Hinderniß, welches der Aufnahme der Transmutationslehre Lamarck's entgegenwirkte, war der damalige Stand der Naturwissenschaften überhaupt. In der Geologie herrschte die Katastrophenlehre, an deren Stelle zwar schon von Lamarck die langsame und allmälige Umgestaltung und der continuirliche Verlauf der Erdgeschichte vertreten wurde, aber erst später durch die weit besser und sachlicher begründeten Theorien von Hoff und Lyell zur Geltung gelangte. Die Kenntniß von der geographischen Verbreitung der Thiere lag damals noch sehr im Argen und wurde erst im Verlaufe späterer Decennien unter dem Einfluß des Umschwunges, den die Geologie erfahren, durch Wallace zu einer Wissenschaft der Thiergeographie, welche wie die durch Lyell reformirte Geologie als Consequenz die Transmutation der Arten erforderte, wie es denn auch jener Wissenschaft und der Thiergeographie entlehnte Beobachtungen waren, welche Darwin und Wallace auf die Descendenzlehre zurückführten. Und ähnlich verhielt es sich mit der gesammten Morphologie, der vergleichenden Anatomie und Entwicklungsgeschichte, welche erst im Laufe der an Forschungen so überaus fruchtbaren nächsten Decennien zur Aufnahme der Descendenzlehre ausreichend vorbereitet erschien. Eine Fülle neuer biologischer Thatsachen, insbesondere auf dem Gebiete der niederen Thierwelt gewann im Lichte dieser Lehre Sinn und Verständniß und erschien durch dieselbe mit zahlreichen, bereits früher bekannten Thatsachen in enggeschlossenem Zusammenhang zu einem befriedigenden Gesammtbilde verknüpft.

Endlich war es, und zwar nicht an letzter Stelle, das einseitige, zur Begründung der Umwandlung unzureichende Anpassungsprincip, welches die Ablehnung der Lamarck'schen Lehre zur Folge haben mußte. Vor Allem fehlte Lamarck das Princip der natürlichen Selection, welches Darwin's Begründung zumal in Verbindung mit vielen schon von Lamarck vertretenen Anschauungen unvergleichbar zutreffender und annehmbarer macht.

Aber auch die Selectionslehre reicht, wie ich bereits am Eingang andeutete, zur Lösung des Problems nicht aus. Auch Darwin ist gezwungen, dasselbe mit Bildungsgesetzen in Verbindung zu bringen, deren Ursache und Wesen wir nicht zu ergründen vermögen. Wollten wir auch mit Darwin und Anderen der Selection den höchstmöglichen Werth zugestehen und so weit gehen, dieselbe zur Erklärung für die Zweckmäßigkeit der

Organismen ohne Mithilfe von zweckmäßig wirkenden Bildungsgesetzen für ausreichend zu halten und das gesammte Entwicklungsschema von dem Protoplasmaklümpchen bis zum Menschen auf Kosten der Zuchtwahl zu setzen, so wäre doch hiermit nicht die Lösung des Problems gewonnen, dieselbe vielmehr nur zurückgeschoben, und wir würden mit Darwin zu dem Eingeständnisse genöthigt sein, „daß der Schöpfer den Keim alles Lebens, das uns umgibt, nur wenigen oder nur einer einzigen Form eingehaucht hat".

Ungefähr sagt also auch Darwin dasselbe wie Lamarck, nur mit ein wenig anderen Worten, und bezeichnet damit die Grenze, welche unserem Erkenntnißvermögen gesetzt ist. Indessen war diese lange vorher von Immanuel Kant bestimmt worden, wenn dieser Philosoph in seiner Kritik der teleologischen Urtheilskraft es zwar als Aufgabe aller Naturwissenschaft hinstellt, einer mechanischen Erklärung aller Naturproducte soweit als möglich nachzugehen, aber das Vermögen, damit allein auszulangen, dem menschlichen Geiste abspricht. „Damit der Naturforscher nicht auf reinen Verlust arbeite, so muß er in der Beurtheilung der organischen Wesen immer irgend eine ursprüngliche Organisation zum Grunde legen, welche jenen Mechanismus selbst benutzt, um andere organisirte Formen hervorzubringen oder die seinige zu neuen Gestalten zu entwickeln." „Es ist nämlich ganz gewiß, daß wir die organisirten Wesen und deren innere Möglichkeit nach blos mechanischen Principien der Natur nicht einmal zureichend kennen lernen, vielweniger uns erklären können, und zwar so gewiß, daß man dreist sagen kann, es ist für Menschen ungereimt, auch nur einen solchen Anschlag zu fassen oder zu hoffen, daß noch etwa dereinst ein Newton aufstehen könne, der auch nur die Erzeugung eines Grashalms nach Naturgesetzen, die keine Absicht geordnet hat, begreiflich machen werde, sondern man muß diese Einsicht dem Menschen schlechterdings absprechen." Der moderne naturphilosophische Dogmatismus nennt freilich diese und ähnliche Ausführungen des großen Denkers im Vergleich zu der berühmten Stelle,[12] in welcher Kant auf einen mit dem Zeugungsprincip gegebenen Mechanismus als zur Erklärung der Stufenfolge verwendbar hinweist, widersprechend, und glaubt allen Ernstes, daß dieser Newton in Darwin wirklich erschienen sei und durch die Selectionslehre die von Kant für unmöglich gehaltene Lösung thatsächlich gegeben habe. Derselbe stellt sich hiermit aber nur das Zeugniß aus, daß er das Wesen der Kant'schen Philosophie, den Kern des transcendentalen Idealismus zu begreifen gar nicht im Stande war, wie er ja auch Lamarck in dem Grade mißverstand, daß er denselben als strengen Monisten rühmen konnte, welcher den letzten Grund in den chemischen und physikalischen Eigenschaften der Materie erkannt und die Annahme einer organischen Endursache verworfen habe.

Anmerkungen.

1 Charles Darwin, On the Origin of Species by means of natural selection, or the preservation of favoured races in struggle for live. London, 1859.

2 Hieher würde M. Wagner mit seiner Migrationslehre zu stellen sein, deren einseitige Verwerthung die Aufhebung des Selectionsprincipes zur Consequenz haben müßte. Vgl. M. Wagner, Ueber den Einfluß der geographischen Isolirung und Coloniebildung auf die morphologischen Veränderungen der Organismen. Sitzungsber. der k. bayer. Akad. der Wissensch. München, 1870, p. 155.

3 Carl v. Nägeli, Mechanisch physiologische Theorie der Abstammungslehre. München und Leipzig, 1884.

4 Ernst Häckel, Natürliche Schöpfungsgeschichte. Zweite Auflage Berlin, 1870.

5 August Weismann, Ueber die Vererbung. Ein Vortrag. Jena, 1883. Derselbe, Die Continuität des Keimplasmas als Grundlage einer Theorie der Vererbung. Jena, 1885. Derselbe, Die Bedeutung der sexuellen Fortpflanzung für die Selectionstheorie. Jena, 1886.

6 Vgl. Ernst Häckel, Die Naturanschauung von Darwin, Goethe und Lamarck. Jena, 1882, sowie dessen „Generelle Morphologie" und „Natürliche Schöpfungsgeschichte". Die beste Darstellung verdanken wir Quatrefages in einem Artikel der Revue des deux mondes, 1868: „Histoire naturelle générale".

7 Darwin behandelt in seiner Entstehung der Arten die Lehre Lamarck's äußerst kurz auf dem Raume einer knappen Seite und scheint jenem Forscher kaum mehr als das Verdienst zuzugestehen, „die Aufmerksamkeit zuerst auf die Wahrscheinlichkeit gelenkt zu haben, daß alle Veränderungen in der organischen wie in der unorganischen Welt die Folgen von Naturgesetzen und nicht von wunderbaren Zwischenfällen sind". Offenbar weil Darwin Lamarck's Begründung der Transmutation für irrig hielt, übertrug er die hieraus entspringende Geringschätzung auf das ganze Buch, das doch in einheitlichem enggeschlossenen Zusammenhang alle wesentlichen Sätze der Descendenz zum Ausdruck brachte

und eine von seiner eigenen, nur der Begründung nach verschiedene Lehre in wesentlich derselben Weise entwickelte. Näheren Einblick in diese so auffallende und schwer verständliche Unterschätzung gewinnen wir aus dem eben veröffentlichten, von seinem Sohne herausgegebenen Werke „Leben und Briefe von Charles Darwin", übersetzt von V. Carus. Die mehrfachen, vornehmlich in Briefen an Lyell ausgesprochenen höchst abfälligen Urtheile müssen geradezu befremdlich wirken, wenn man in Betracht zieht, wie sehr Darwin geneigt war, jede auch geringfügige Leistung in überschwänglichem Lobe anzuerkennen. Da heißt es in einem Briefe vom 12. März 1863 an Lyell (Band III, p. 13), welcher Darwin's Buch immer als eine Modification der Lamarck'schen Lehre der Entwicklung und des Fortschrittes betrachtet hatte: „Wenn dies Ihre wohlbefestigte Meinung ist, so ist nichts darüber zu sagen, es scheint dies aber nicht der Fall zu sein. Plato, Buffon, mein Großvater vor Lamarck und Andere haben die offenbare Ansicht ausgesprochen, daß, wenn die Arten nicht einzeln erschaffen worden sind, sie von anderen Arten abgestammt sein müssen, und ich kann zwischen der ‚Entstehung der Arten' und Lamarck nichts weiter Gemeinschaftliches erkennen. Ich glaube, diese Art, den Fall darzustellen, ist für die Annahme der Ansicht sehr schädlich, da sie nothwendig den Fortschritt einschließt und meine Ansicht in enge Verbindung mit einem Buche bringt, welches ich nach zweimaligem überlegten Lesen für ein erbärmliches Buch halte und aus welchem ich (ich erinnere mich sehr gut meiner Ueberraschung) Nichts gewonnen habe. Ich weiß aber, Sie stellen es höher, was merkwürdig ist, da es Ihren Glauben nicht im Mindesten erschüttert hat." Und in einem zweiten Briefe (vom 17. März 1863) an denselben Forscher findet sich die an jene Stelle anschließende Bemerkung: „Was Lamarck betrifft, so triumphiren Sie, da Sie einen Mann wie Grove auf Ihrer Seite haben, nicht daß ich deshalb meine Meinung ändern könnte, daß es für mich ein absolut nutzloses Buch war. Vielleicht war dies eine Folge davon, daß ich immer die Bücher nach Thatsachen durchsuchte, vielleicht davon, daß ich wußte, mein Großvater hatte früher und identisch dieselben Speculationen angestellt."

Auch in Briefen an Hooker hat sich Darwin in ähnlicher geringschätziger Weise über den Werth von Lamarck's Lehren ausgesprochen, wenn er sagt (Band II, p. 38): „Lamarck ist die einzige Ausnahme, deren ich mich erinnern kann, eines sorgfältigen Beschreibers von Species, wenigstens im wirbellosen Thierreich, welcher nicht an beständige Species geglaubt hat; er hat aber mit seinem widersinnigen, wenn schon geschickten Buche dem Gegenstande geschadet, wie es Mr. ‚Vestiges' und ꝛc. gethan hat." Und in einem andern Briefe (Band II, p. 29): „Was Bücher über diesen Gegenstand betrifft, so kenne ich keine systematisch davon handelnden, ausgenommen das von Lamarck, was wirklich werthlos ist. Ist es nicht merkwürdig, daß der Verfasser eines solchen Werkes wie die „Animaux sans vertébres" geschrieben haben kann, daß Insecten, welche niemals ihre Eier sehen (ebenso Pflanzen ihre Samen), von besonderen Formen sein wollen könnten, um besonderen Gegenständen angepaßt zu werden?" Hier erscheint überdies Lamarck's Transmutationsprincip geradezu entstellt, da es demselben gemäß doch nur der Wille zu leben (nicht der Wille, in bestimmter Form gestaltet zu werden) ist, welcher durch Anstrengung und verstärkten Gebrauch der Organe zweckmäßige Anpassungen ins Leben ruft. Zudem hat Lamarck für die Pflanzen sehr nachdrücklich die veränderten Ernährungsverhältnisse als Ursache der Artumwandlung betrachtet und für diese hiemit jede active, aus Willen entspringende Thätigkeit als Factor der Umgestaltung ausgeschlossen. Den Gebrauch und Nichtgebrauch aber, also dem wesentlichen Factor des Principes, gesteht Darwin an vielen Stellen seines Buches, ohne Lamarck's Erwähnung zu thun, für die Entstehung von Aenderungen einen großen Einfluß zu (vgl. „Entstehung der Arten", 7. Aufl., p. 157—162), und noch dazu in zahlreichen von Lamarck gebrauchten und übereinstimmend erklärten Beispielen, so die Entstehung des asymmetrischen Baues und der Augenstellung von Pleuronectes betreffend (p. 256—260), dessen Darstellung mit den Worten abschließt: „Wie viel in jedem einzelnen besonderen Falle den Wirkungen des vermehrten und wohlthätigen Gebrauches und wie viel der natürlichen Zuchtwahl zugeschrieben werden muß, scheint unmöglich zu sein zu entscheiden!" Ganz dasselbe gilt von dem Capitel, welches von der Erwerbung des Flugvermögens der Fledermäuse handelt, nur daß neben dem Gebrauche der Zuchtwahl der wesentlichste Antheil eingeräumt wird (p. 198—199).

8 Vgl. Cuvier, Éloge de M. de Lamarck, lu à l'Académie des Sciences, le 26 Novembre 1832, ferner Charles Martins, Biographische Einleitung der neuen Auflage von Lamarck's „Zoologische Philosophie", übersetzt von Arnold Lang. Jena, 1876.

9 Vgl. Jean Lamarck, Zoologische Philosophie, nebst einer biographischen Einleitung von Charles Martins, aus dem Französischen übersetzt von Arnold Lang. Jena, 1876.

10 Arthur Schopenhauer's sämmtliche Werke, herausgegeben von Julius Frauenstädt, Tom. IV. Schriften zur Naturphilosophie und zur Ethik. 1. Ueber den Willen in der Natur. Leipzig 1874, p. 43: Der Unterschied zwischen Schopenhauer's Lehre und der von Lamarck ist gleichwohl ein sehr tief greifender und involvirt einen ohne Vermittlung bleibenden diametralen Gegensatz. Gerade das, was jener Philosoph an Lamarck's Verwerthung des Willens (in

der Zeit durch Succession der Generationen) tadelt, macht dieselbe dem Naturforscher bis zu einem bestimmten Grade annehmbar, während seine eigene metaphysische Verwerthung des Willens, der Kern seiner ganzen Philosophie als baare Absurdität erscheinen muß. Es ist, um ein von diesem Philosophen gebrauchtes Doppelgleichniß anzuwenden, der unauflösliche, auf dem Filter verbleibende Niederschlag von Schopenhauer's gar oft so hoch gepriesenen und von sonst verständigen und ernsten Männern bewunderten Philosophie, der große Rest, welcher in der auf Lösung des Welträthsels gestellten Rechnung zurückbleibt, aber dieser erweist sich als ein gewaltiges Debet, welches vollkommen ausreicht, um die Widersinnigkeit der ganzen Rechnung darzuthun.

11 J. F. Meckel, System der vergleichenden Anatomie. I. Theil. Halle, 1821, p. 345.

12 Immanuel Kant, Kritik der teleologischen Urtheilskraft. Herausgegeben von Karl Rosenkranz, 1838, p. 312.

„Es ist rühmlich, vermittelst einer comparativen Anatomie die große Schöpfung organisirter Naturen durchzugehen, um zu sehen, ob sich daran nicht etwas einem System Aehnliches, und zwar dem Erzeugungsprincip nach, vorfinde, ohne daß wir nöthig haben, beim bloßen Beurtheilungsprincip (welches für die Einsicht ihrer Erzeugung keinen Aufschluß gibt) stehen zu bleiben und muthlos allen Anspruch auf Natureinsicht in diesem Felde aufzugeben. Die Uebereinkunft so vieler Thiergattungen in einem gewissen gemeinsamen Schema, das nicht allein in ihrem Knochenbau, sondern auch in der Anordnung der übrigen Theile zum Grunde zu liegen scheint, wo bewunderungswürdige Einfalt des Grundrisses durch Verkürzung einer und Verlängerung anderer, durch Einwickelung dieser und Auswickelung jener Theile eine so große Mannigfaltigkeit von Species hat hervorbringen können, läßt einen obwohl schwachen Strahl von Hoffnung ins Gemüth fallen, daß hier wohl Etwas mit dem Princip des Mechanismus der Natur, ohne das es ohnedies keine Naturwissenschaft geben kann, auszurichten sein möchte. Diese Analogie der Formen, soferne sie bei aller Verschiedenheit einem gemeinschaftlichen Urbilde gemäß erzeugt zu sein scheinen, verstärkt die Vermuthung einer wirklichen Verwandtschaft derselben in der Erzeugung von einer gemeinschaftlichen Urmutter, durch die stufenartige Annäherung einer Thiergattung zur andern, von derjenigen an, in welcher das Princip der Zwecke am meisten bewährt zu sein scheint, nämlich dem Menschen, bis zum Polyp, von diesem sogar bis zu Moosen und Flechten und endlich zu der niedrigsten uns merklichen Stufe der Natur, zur rohen Materie: aus welcher und ihren Kräften nach mechanischen Gesetzen (gleich denen, darnach sie in Krystallerzeugungen wirkt) die ganze Technik der Natur, die uns in organisirten Wesen so unbegreiflich ist, daß wir uns dazu ein anderes Princip zu denken genöthigt glauben, abzustammen scheint.

„Hier steht es nun dem Archäologen der Natur frei, aus den übrig gebliebenen Spuren ihrer ältesten Revolutionen, nach allem ihm bekannten oder gemuthmaßten Mechanismus derselben jene große Familie von Geschöpfen (denn so mußte man sie sich vorstellen, wenn die genannte, durchgängig zusammenhängende Verwandtschaft einen Grund haben soll) entspringen zu lassen. Er kann den Mutterschooß der Erde, die eben aus ihrem chaotischen Zustande herausging (gleichsam als ein großes Thier), anfänglich Geschöpfe von minder zweckmäßiger Form, diese wiederum andere, welche angemessener ihrem Zeugungsplatze und ihrem Verhältnisse unter einander sich ausbildeten, gebären lassen, bis diese Gebärmutter selbst erstarrt, sich verknöchert, ihre Geburten auf bestimmte, fernerhin nicht ausartende Species eingeschränkt hätte, und die Mannigfaltigkeit so bliebe, wie sie am Ende der Operation jeder fruchtbaren Bildungskraft ausgefallen war. Allein er muß gleichwohl zu dem Ende dieser allgemeinen Mutter eine auf alle diese Geschöpfe zweckmäßig gestellte Organisation beilegen, widrigenfalls die Zweckform der Producte des Thier- und Pflanzenreichs ihrer Möglichkeit nach gar nicht zu denken ist. Alsdann aber hat er den Erklärungsgrund nur weiter aufgeschoben und kann sich nicht anmaßen, die Erzeugung jener zwei Reiche von der Bedingung der Endursachen unabhängig gemacht zu haben."

Solche Sätze wie der Schlußpassus der citirten Ausführung, sowie die oben im Vortrage erwähnten Stellen stehen weder an Tiefe und Bedeutung hinter dem Gedanken eines im Zeugungsprincip gegebenen Mechanismus zur Erklärung der Organismenentwicklung zurück, noch mit diesem in irgend welchem Widerspruch, ergeben sich vielmehr in strenger Consequenz aus dem Wesen des Kant'schen Systems. Indem dieser große Denker den bloßen Mechanismus zur Erklärung der Organismenwelt für unzureichend findet und als unabweislich auf die Annahme einer für uns unerforschlichen, nach Absichten und Zwecken wirksamen Endursache hinweist, so stellt er diese Nothwendigkeit doch nur mit Rücksicht auf die Bedingungen und Schranken der menschlichen Vernunft, also lediglich als eine subjective hin. Was die Vernunft als unabweisliche Idee fordert, ist ein für den menschlichen Verstand unerreichbares, niemals zu lösendes Problem. Demnach hat auch die Annahme einer Endursache und eine dieser untergeordneten teleologischen Disposition der Materie nur den Werth eines regulativen, für die Reflexion unentbehrlichen, nicht aber den eines bestimmenden, constitutiven Principes.

Druck von Adolf Holzhausen in Wien,
k. k. Hof- und Universitäts-Buchdrucker.

Ueber die

Werthschätzung der natürlichen Zuchtwahl

als Erklärungsprincip.

Vortrag,

gehalten

im Wissenschaftlichen Club am 5. und 9. April 1888

von

Dr. C. Claus,

o. ö. Professor der Zoologie und vergleichenden Anatomie
an der Universität Wien.

Wien, 1888.
Alfred Hölder,
k. k. Hof- und Universitäts-Buchhändler.

Vorwort.

Der in vorliegender Schrift veröffentlichte Vortrag sollte in unmittelbarem Anschluß an den Vortrag „über Lamarck als Begründer der Descendenzlehre" folgen, mußte aber aus Anlaß äußerer Umstände auf einige Wochen verschoben werden, so daß die Drucklegung sich bis zum April verzögerte. Die in derselben zur Geltung gebrachte Auffassung schließt sich eng an die in den letzten Auflagen der Grundzüge, sowie des Lehrbuches der Zoologie vertretene Darstellung an und wurde bereits in meinen Vorlesungen über die Descendenzlehre, welche ich in den Wintersemestern der letzten Jahre vor einem größeren Zuhörerkreise hielt, in wesentlich gleicher Weise vorgetragen. Die knappe, kurz zusammengedrängte Behandlung eines so umfangreichen Stoffes ließ es wünschenswerth erscheinen, einige ergänzende Zusätze und Bemerkungen anzuschließen, deren Aufnahme in den Verlauf des Vortrages der Uebersichtlichkeit desselben Abbruch gethan haben würde.

Wien, im April 1888.

Der Verfasser.

Ein halbes Jahrhundert nach dem Erscheinen von Lamarck's „Philosophie zoologique" legten zwei englische Forscher, Charles Darwin und Alfred Russel Wallace, in einer angesehenen Zeitschrift *) drei Documente nieder, in welchen sie ihre übereinstimmenden Ansichten über Abänderungen der Arten bekannt machten.

In diesen Ansichten lebten die alten, der Vergessenheit anheimgefallenen Lehren Lamarck's wieder auf.

Beide Forscher waren fern von der Heimat auf dem an interessanten Naturerscheinungen so reichen Boden Südamerikas mit überraschenden Thatsachen bekannt geworden, welche ihnen die Hypothese von der Entstehung der Arten aus bereits vorhandenen Arten unabweislich erscheinen ließ. Das Vorkommen nahe verwandter Bewohner unter verschiedenen geographischen Breiten, in Gebirgsregionen und auf weiten ausgedehnten Ebenen des Flachlandes, die Aehnlichkeit der Küstenbevölkerung mit jenen benachbarter Inseln, endlich die verwandtschaftliche Beziehung specifischer lebender Typen zu ausgestorbenen, noch in fossilen Resten erhaltenen früheren Bewohnern desselben Continents mußte beiden Forschern zu vergleichenden Betrachtungen zwischen den geographischen Abänderungen und solchen aufeinanderfolgender geologischer Epochen Anlaß geben und sie zum Studium über die Ursachen der Varietäten im Thier- und Pflanzenreiche auffordern.

---

*) Charles Darwin, Auszug aus einem noch nicht veröffentlichten Werke über den Artbegriff; Derselbe, Ein Abschnitt eines Briefes an Professor Asa Gray; Alfred Russel Wallace, Ueber das Gesetz, welches das Entstehen neuer Arten regulirt hat. Proceedings of the Linnaean Society. 1858. Vergl. die deutsche Uebersetzung dieser Publicationen von Dr. A. B. Meyer. Erlangen 1870.

Während der ältere, Darwin, welcher schon Decennien vorher solche Anregungen aufgenommen hatte, nach seiner Rückkehr in die Heimat, um sicheren Boden zu gewinnen, mit staunenswerthem Fleiße die Abänderungen der Hausthiere und Culturpflanzen verfolgte und das classische, eine neue Epoche der Biologie inaugurirende Werk: „Die Entstehung der Arten", vorbereitend, für seine Lehre das gesammte Gebiet der Biologie als Prüfstein heranzog, hatte der jüngere derselben zum zweiten Male den heimischen Boden verlassen, um diesmal im fernen Osten die großartige Tropenwelt des malayischen Archipels zum Gegenstand eingehender Beobachtungen zu machen. Indem er die Fauna der Sundainseln und Neu-Guineas mit der ihm bekannten Fauna Brasiliens verglich, wurde er zur Lehre von den Repräsentativformen auf getrennten Continenten geführt und zog die Parallele zwischen den Erscheinungen räumlicher Verbreitung und zeitlicher Aufeinanderfolge, um mit Hilfe derselben den Satz zu begründen, „daß die gegenwärtige geographische Verbreitung des Lebens auf der Erde der Effect aus allen vorhergehenden Veränderungen sowohl auf der Erdoberfläche, als auch ihrer Bewohner sein müsse". Mit dieser Erkenntniß aber hatte Wallace bereits den Gesichtspunkt gefunden, durch dessen umfassende Verwerthung er später in seinem großen zweibändigen Werke: „Die geographische Verbreitung der Thiere" den Grund zur Thiergeographie als Wissenschaft legte.

Man könnte es vielleicht für ein Spiel des Zufalls halten, daß zwei hervorragende Männer auf so gleicher Grundlage der Beobachtungen durch ähnliche Reihen von Thatsachen auf die längst vergessene Descendenzlehre zurückkamen, und daß es gerade der Thiergeographie in Verbindung mit der Geologie vorbehalten war, den Begriff der Art als einer unveränderten Einheit zu Falle zu bringen. Indessen war es nur die Folge einer innern, im Wesen der Sache begründeten Nothwendigkeit, daß auf dem umfassenden Gebiete der Biologie derjenige Zweig, welcher die Entstehung der Varietäten zum Gegenstande hat und durch die Stufenfolge der Abarten oder Racen zu den Artverschiedenheiten hinleitet, mit der bereits durch Lyell im Sinne der Wirkung allmäliger Veränderungen und continuirlicher Umgestaltungen reformirten Geologie in Verbindung trat, deren Lehre schon längst die Continuität des Lebendigen durch alle Zeitperioden hindurch als Consequenz verlangte. Weder die Physiologie, noch Morphologie würden trotz ihrer staunenswerthen Fortschritte ohne Hilfe jener Wissenschaften für sich allein im Stande gewesen sein, den als Dogma aufgenommenen Speciesbegriff umzustürzen und aus der Biologie zu beseitigen. War doch die Physiologie durch Anwendung exacter Methoden bereits zu einer Art organischer Physik vorgeschritten, deren Vertreter zwar geheime Zweifel an der Untrüglichkeit des Dogmas hegten, jedoch ihre ketzerischen Ansichten kaum auszusprechen wagten, wie andererseits hervorragende Morphologen, obwohl bereits mit der Thatsache bekannt, daß die Entwicklung des einzelnen Organismus nach denselben Gesetzen wie die der ganzen Thierreihe erfolge, und daß das höhere Thier in seiner Entwicklung die unter ihm stehenden bleibenden Stufen durchlaufe, den naturgemäßen Schluß auf das biogenetische Grundgesetz nicht zu ziehen vermochten. Schon F. J. Meckel(*) war mit dem wesentlichen Inhalte dieses Gesetz vertraut, wenn er von einer „Gleichung zwischen der Entwicklung des Embryos und der Thierreihe" sprach.

Aber auch das Erklärungsprincip, mittelst dessen die wiedererstandene Lehre neu begründet wurde, beruhte auf ein und demselben Grundgedanken, mit welchem beide Forscher durch einen glücklichen Zufall aus Malthus' (**) Werk über die Bevölkerung bekannt geworden waren. Dieser bedeutende Nationalökonom hatte schon gegen Ende des

---
*) F. J. Meckel, System der vergleichenden Anatomie. 1821, I, Halle, pag. 410.
**) Th. Rob. Malthus, An Essai on the principle of population. London 1798.

vorigen Jahrhunderts das Mißverhältniß erörtert, welches zwischen der geometrisch fortschreitenden Zunahme der Bevölkerung und der nur in arithmetischer Progression steigenden Vermehrung der Nahrungsmittel besteht und den heftigen Wettstreit und erbitterten Kampf der Menschen um die Existenz zur Folge hat, in welchem die minder glücklich ausgerüsteten früher oder später vom Schauplatz verschwinden, während die durch Reichthum, Kraft und Begabung begünstigten Individuen überdauern. Diese von Malthus für den menschlichen Staat entwickelte Grundlehre war es, welche Darwin und Wallace auf das Thier- und Pflanzenreich übertrugen und zur Ausbildung der vielbesprochenen Theorie der natürlichen Zuchtwahl verwertheten. In dieser auch wohl als Darwinismus bezeichneten Theorie, deren Inhalt ich als bekannt voraussetzen darf, handelt es sich aber um ein von dem Erklärungsversuche Lamarck's durchaus verschiedenes Princip, mit welchem Darwin und viele seiner Anhänger zur Erklärung der Abstammungslehre ausreichen zu können glaubten. Andere Forscher schlugen den Werth desselben weit geringer an oder stellten ihn überhaupt in Frage, so daß der übereinstimmenden Annahme der Descendenzlehre gegenüber die Ansichten der Forscher über Bedeutung und Werth des Selectionsprincips zur Begründung jener bedeutend auseinandergehen.

Unter solchen Umständen dürfte es als eine zeitgemäße und durch das allgemeine Interesse der Frage gerechtfertigte Aufgabe sein, unter Bezugnahme auf die zur Geltung gebrachten Meinungsverschiedenheiten und insbesondere auf einige interessante, vom Darwinismus in verschiedenem Sinne abweichende Lehren jüngeren Datums den Werth der Selection als Erklärungsprincip näher zu untersuchen.

Was den Dienst, den uns das Selectionsprincip leistet, vor Allem so unschätzbar macht und über die Lamarck'sche Anpassungslehre weit erhebt, ist der Umstand, daß wir mit seiner Hilfe die Naturzweckmäßigkeit, die der Forschung bisher ein Räthsel war, als Nothwendigkeit begreifen, daß wir mit seiner Hilfe verstehen, weshalb die Organismen einander und der Außenwelt in so wunderbar vollkommener Weise angepaßt sind. Für eine große Reihe von Erscheinungen, welche bis dahin jedem Verständniß spotteten und der Annahme einer nach Endzwecken wirkenden Intelligenz Vorschub leisteten, bot sich mit einem Mal Aussicht auf eine mechanische Erklärung durch blindes Walten des Naturgesetzes.

Indessen erscheint es billig, anzuerkennen, daß auch Lamarck's Lehre von der directen Wirkung des Gebrauchs und Nichtgebrauchs zahlreiche zweckmäßige Beziehungen aus physischen Vorgängen ableitete, allerdings für die größte Zahl von Zweckmäßigkeitserscheinungen keine Erklärung zu geben vermochte.

Dazu kommt noch als zweites bedeutungsvolles Moment die Verwerthung sehr kleiner, ganz allmälig in der Generationsfolge sich steigernder Abänderungen. Das Princip steht in Uebereinstimmung mit dem alten Satze „natura non facit saltum" und führt gewissermaßen den Begriff des Differentials in die Biologie ein, um durch Integration überaus kleiner, aber in großer Zahl sich wiederholender Aenderungen das bemerkenswerthe Endergebniß abzuleiten.

Doch auch diese zweite Eigenschaft des Principes ist der Lamarck'schen Theorie keineswegs ganz abzusprechen, auch diese lehrte nicht plötzliche und sprungweise auftretende, sondern geringe, erst allmälig mit der Generationsfolge im Laufe der Zeit gesteigerte und zu Varietäten führende Abänderungen.

Untersuchen wir die thatsächliche Unterlage, auf welcher die Wirkung der Zuchtwahl beruht, so finden wir, daß es, abgesehen von dem bereits erwähnten Kampfe der Organismen um das Dasein, welcher im Natur- und Menschenleben eine so gewaltige Rolle spielt und bei der Selection gewissermaßen die Function des Züchtenden besorgt, zwei Factoren sind, auf deren wechselseitigem Zusammenwirken die Vorausſetzung der natürlichen Zuchtwahl beruht: die **individuelle Variabilität** und die **Vererbung**.

Beide eng zuſammenhängende Erſcheinungsreihen müſſen, ſofern ſie überhaupt ihrem Weſen nach begreifbar gedacht werden, auf chemiſch-phyſikaliſche Vorgänge zurückführbar ſein, deren Erforſchung der Wiſſenſchaft die ſchwierigſten und größten Probleme ſtellt. Wenn wir berechtigt ſind, mit E. Haeckel die Variabilität und Vererbung als phyſiologiſche Functionen der organiſchen Materie zu betrachten, ſo werden wir als die thätigen Factoren derſelben die phyſiſche Natur des Organismus und die auf dieſe einwirkende Beſchaffenheit der Außenwelt zu unterſcheiden haben. In jedem einzelnen Falle erſcheint daher die Variation des Individuums als das Reſultat einerſeits der inneren Conſtitution und andererſeits der äußeren Lebens- und Ernährungsbedingungen und wir werden dieſelbe entweder aus beſonderen Verhältniſſen der letzteren abzuleiten haben, auf welche der Organismus durch entſprechende Veränderungen der Form und Function beſtimmter Theile reagirte, wobei auch die phyſiſche Natur des Organismus als der wichtigere Factor in den Vordergrund treten könnte, oder wir werden in der Beſchaffenheit der Keimanlage des Organismus den primären Anſtoß zu ſuchen haben, dem gegenüber die äußeren Bedingungen eine mehr untergeordnete Rolle ſpielen oder überhaupt gar nicht in Betracht kommen. Man begreift alsbald die Schwierigkeit, beiderlei Urſachen ſcharf abzugrenzen und im Einzelnen den Einfluß derſelben genau feſtzuſtellen.

Auch die Vererbung, durch welche ſich die Eigenſchaften des elterlichen Organismus auf deſſen Nachkommen übertragen, erweiſt ſich inſoferne als ein phyſiologiſcher Vorgang, als ſie an die Continuität des organiſchen Subſtrates und zunächſt die des Keimplasmas anknüpft, welches in der Keimanlage zur Verwendung kommt. Als **vererbt** werden wir nur diejenigen Eigenſchaften des Individuums betrachten, deren Urſache bereits in dem Keimplasma und deſſen Molecularſtructur

gegeben war, während alle erst mit der weitern Entwicklung des Keimes im embryonalen und freien Leben durch die besonderen Ernährungs=
bedingungen veranlaßten Eigenschaften jenen als erworbene gegenüber=
zustellen sind. Nun aber kann es im einzelnen Falle sehr schwierig, ja unmöglich sein, zu bestimmen, ob die im Individuum auftretende Besonderheit, welche der elterliche Organismus nicht besaß, von jenem erst erworben oder nicht doch schon potentia in dem Keimplasma begründet lag, welches bereits im elterlichen Organismus, sei es durch die Einwirkung der äußeren Verhältnisse, sei es aus einer innern Ursache, eine minimale Veränderung seiner Molecularstructur erfahren hatte.

Aber noch eine zweite Schwierigkeit macht sich geltend mit der Frage, ob lediglich die im Keime als Anlagen enthaltenen Eigenschaften durch Vererbung übertragen werden oder ob sich neben diesen auch im Leben des Individuums erworbene Eigenschaften auf die Nachkommen vererben.

Sowohl Lamarck als Darwin gingen von der Voraussetzung aus, daß die Vererbung erworbener Eigenschaften keinem Zweifel unter=
worfen sei, und machten von derselben den ausgedehntesten Gebrauch, indem sie die Einwirkung äußerer Ursachen auf den Körper zur Er=
klärung der Transformationen als Ausgangspunkt verwertheten, Darwin allerdings mit der Modification, daß er auch der indirecten Wirkung veränderter Lebensbedingungen auf das Reproductivsystem einen großen Einfluß zuschrieb. Würde dagegen die Frage von der Vererbung er=
worbener Eigenschaften verneinend beantwortet, so wäre damit nicht nur Lamarck's Erklärungsweise gänzlich beseitigt, sondern auch Darwin's Selectionslehre insofern gefährdet, als die zur Zuchtwahl verwerthbare Variabilität lediglich aus inneren Ursachen abgeleitet werden müßte, welche die Beschaffenheit des Keimplasmas abänderten.

Jedenfalls aber, auch wenn die Frage in bejahendem Sinne ent=
schieden werden sollte, könnte die Züchtung mit dem dargebotenen

Materiale individueller Variationen lediglich im Sinne eines Regulators (welchen Wallace dem Regulator an der Dampfmaschine vergleicht) arbeiten, keineswegs aber als bestimmende schöpferische Ursache in Frage kommen und somit ausschließlich zur Erklärung der zweckmäßigen Anpassungen verwendet werden, zumal man nicht zu verstehen vermag, wie dieselbe den Verlauf und die den zahllosen Kategorien des Systems entsprechende Richtung der organischen Entwicklung hätte bestimmen können.

Wenn auch jede individuelle Variation nicht durch Zufall, sondern durch ganz bestimmte mechanische Ursachen entstanden ist, so würde es doch nichts Anderes heißen, als dem Zufall einen unbegrenzten Einfluß einräumen, ja denselben als höchstes Weltprincip hinstellen, wenn man die Zuchtwahl für ausreichend halten wollte, aus den zahllosen, nach den verschiedensten Richtungen divergirenden Variationen ohne Mitwirkung anderer Factoren die complicirte Organisation der höchsten Organismen aus dem Einfachen und Unvollkommenen zu gestalten und die ganze Stufenordnung des Systems lediglich aus der Erhaltung und Steigerung nützlicher Abänderungen abzuleiten. So haben denn auch sogleich zahlreiche Forscher auf diese Lücke hingewiesen und dieselbe in verschiedener Weise durch Theorien auszufüllen versucht.

Auch Darwin selbst war im Grunde gar nicht der Meinung, daß die natürliche Zuchtwahl für sich allein die Gestaltung der organischen Natur zu erklären vermöge, wenn er sich wiederholt auf Bildungsgesetze, insbesondere auf die Correlation des Wachsthums und der Abänderungen zwischen verschiedenen Organen berief, doch hatte er diese, wie begreiflich, seiner Theorie gegenüber stark zurücktreten lassen. Von anderer Seite aber ging man zu weit, indem man nicht nur die Bildungsgesetze in den Vordergrund stellte, sondern in dieselben teleologische Gesichtspunkte legte, in der Meinung, nunmehr in der Erklärung einen Schritt weiter gelangt zu sein. Zuerst war es Nägeli, welcher für die Selectionstheorie oder Nützlichkeitslehre, wie er sie nannte, engere

Grenzen zog, indem er die Nothwendigkeit betonte, eine bestimmt gerichtete, nach einer zusammengesetzten höheren Organisation hinstrebende Variation anzuerkennen, und jener die Vervollkommnungstheorie gegenüberstellte, nach welcher der Abänderungsproceß wie nach einem bestimmten Entwicklungsplane, wenn auch ohne übernatürliche Einwirkung, so doch durch eine dem Organismus immanente Tendenz zu größerer Complication vorschreite und in bestimmter Orientirung nach oben geleitet werde. Die Entwicklungsrichtung wird daher unabhängig von der natürlichen Züchtung eingeschlagen und bestimmt die morphologischen Eigenthümlichkeiten, während die Züchtung sich auf die physiologische Seite, auf die Anpassung der Function, beschränkt und daher unabhängig neben jener Wirkung herschreitet.

Auf das gleiche Princip der bestimmt gerichteten Variation stützte sich in ganz ähnlicher Weise Askenasy*), nur daß derselbe in seinen Voraussetzungen noch weiter als Nägeli**) ging und neben der Tendenz zur Vervollkommnung noch andere die Variation bestimmende Ursachen annahm, auf welche die wie nach einem Plane erfolgte Divergenz der Artenreihen in gesetzmäßigen Verzweigungen zurückzuführen sei.

Auch Alexander Braun's***) Lehre von der Entwicklung „aus inneren Ursachen" entsprang der gleichen Einsicht, daß die Naturzüchtung nur ein Regulator sei, nicht aber den ersten Grund der Artumwandlung enthalte und unzureichend sei, die Entwicklung des Lebens von den niedersten Anfängen der Organisation bis zu dem vollkommensten Wesen, dem frei „um sich schauenden, denkenden Menschen", ohne Zuhilfenahme tiefer liegender Principien zu erklären.

---

*) E. Askenasy, Beiträge zur Kritik der Darwin'schen Lehre. Leipzig 1872.
**) C. Nägeli, Entstehung und Begriff der naturhistorischen Art. München 1865.
***) A. Braun, Ueber die Bedeutung der Entwicklung in der Naturgeschichte. Berlin 1872.

Auf ein noch geringeres Maß bemüht sich Nägeli*) in einem jüngst erschienenen Werke den Einfluß der natürlichen Zuchtwahl herabzusetzen, indem er zugleich den Versuch macht, die inneren Ursachen der Transmutation als nothwendig aus der Molecularstructur des Keimplasmas (Idioplasmas) abzuleiten und eine mechanische Theorie der Abstammungslehre zu begründen. Nicht indirect durch die Wirkung der Selection soll sich die Anpassung an die Außenwelt vollziehen, vielmehr soll dieselbe direct durch unmittelbares Bewirken der äußeren Umstände erfolgen. Obwohl die äußeren Einwirkungen nur geringe bleibende Veränderungen in dem durch innere Ursachen bestimmten Entwicklungsgang des Organismus veranlassen können, würden sie doch bei andauerndem, während längerer Zeiträume erhaltenem Fortbestande bleibende Umgestaltungen hervorrufen und „die Mannigfaltigkeit und specielle Beschaffenheit, Organisation und Arbeitstheilung" zur Folge haben. Der Antheil, welchen die besonderen Lebensbedingungen, die Verhältnisse der Außenwelt an dem Gestaltungsprocesse nehmen, wird auf solchem Wege mehr theoretisch als auf Grund von Erfahrungsbeweisen bestimmt, und als Ursache der Anpassung in Anspruch genommen, neben welcher die Concurrenz und Verdrängung erst nachträglich in Betracht kommt. Mit dieser mehr aprioristischen, durch keine nähere Beweisführung gestützten Ableitung der unerklärt gebliebenen Anpassung hat aber Nägeli überhaupt die Möglichkeit verloren, für die Zweckmäßigkeit der Organismen eine Erklärung zu gewinnen. Der Selection ist vorweg das Feld der Arbeit durch die directe Anpassung genommen, und so kann ihr nur der passive Theil der Arbeit verbleiben, im Kampfe um's Dasein die minder tauglichen, weniger gut angepaßten Zwischenglieder zu beseitigen und das mechanische Moment für die Scheidung der Sippen oder Bildung der Lücken zwischen den

---

*) C. Nägeli, Mechanisch-physiologische Theorie der Abstammungslehre. München und Leipzig 1883.

Formgruppen verschiedener Kategorien von der Race bis hinauf zur Ordnung und Classe abzugeben.

Auch bei fehlender Concurrenz und gänzlichem Ausfall der Selection müßten sich nach Nägeli die Organismen in gleicher Weise mit allen ihren Anpassungen gebildet haben, nur würden neben den jetzt lebenden Formen auch die zahllosen Zwischenglieder vorhanden sein, welche der Kampf um's Dasein beseitigt hat. Man wird an Lamarck's Lehre erinnert, in welcher die Wirkung der Bildungsgesetze, welchen die inneren Ursachen Nägeli's entsprechen, den Erklärungsgrund für die natürliche Stufenordnung der vom Niederen zum Höheren aufsteigenden Thierclassen abgibt. Wäre nämlich die im Willen des erhabenen Urhebers bestimmte, unaufhörlich auf Verwicklung der Organisation hinstrebende Ursache die einzige, welche Abänderungen jener hervorruft, so würde die Stufenfolge eine regelmäßige und ununterbrochene sein, es würden nicht die großen Lücken zwischen den Sippen bestehen und die Artenfolge in allen continuirlichen Uebergängen gegeben sein. Die Unterbrechungen und Lücken zwischen den Arten und den übrigen Kategorien des Systems erscheinen als Folge der zweiten, auf Abänderung wirkenden Ursache, des Einflusses der großen Zahl von Verhältnissen, welche die Anpassungen im Einzelnen reguliren und bestrebt sind, Störungen in der durch die Bildungsgesetze bedingten Arbeit der Natur und Abweichungen in der continuirlichen Stufenfolge der Organisation herbeizuführen.

Die Lückenbildung müßte folgerichtig auch in Nägeli's Lehre von denselben Factoren, welche die Anpassung bewirken, bedingt und mit dieser zugleich eingetreten sein, oder aber, wenn erst der Kampf um's Dasein die minder tauglichen Zwischenglieder zu entfernen hätte, so wäre damit auch der positive Einfluß des Züchtungsprocesses, nämlich die Erhaltung und Steigerung des Vortheilhaften, zugestanden. Doch abgesehen von solchen Mängeln und Widersprüchen, ein größerer Vorwurf trifft in Nägeli's Lehre den mechanischen Erklärungsversuch selbst. So richtig und wohlbegründet gewiß die Vorstellung dieses Forschers ist, daß die Molecularstructur der specifischen organischen Substanz, seines Idioplasmas, die physischen Bedingungen der Gestaltung enthalte und der Ausgang jeder mechanischen Erklärungstheorie sein müsse, so selbstverständlich erscheint die Forderung auf Ausschluß jeder teleologischen Voraussetzung.

Ist es aber nicht etwa eine solche, wenn sich Nägeli das Idioplasma in einer derartigen Ordnung seiner Theilchen eingerichtet denkt, daß mit jeder neuen Entwicklungsphase eine fortschreitende Complication nothwendig wird, wenn er die Richtung der unter dem Einflusse der Molecularkräfte beim Wachsthum sich einlagernden Micellen in derartiger Orientirung bestimmt, daß mit der weiteren Entwicklung eine zunehmende Complication als Folge eintreten muß? Wie konnte es unserem Autor entgehen, daß die in das Idioplasma hineingelegte Fortschritts- und Vervollkommnungstendenz, deren Ursache mechanisch nicht begreiflich gemacht werden kann, eine Illustration zur Wahrheit des Kant'schen Satzes abgibt, nach welchem uns die Möglichkeit genommen ist, die organisirten Wesen nach blos mechanischen Principien zu erklären, indem wir stets gezwungen sind, eine ursprüngliche Organisation zu Grunde zu legen, welche jenen Mechanismus selbst benützt, um andere organische Formen hervorzubringen oder die seinige zu neuen Gestalten zu entwickeln? Oder glaubt Nägeli, mit seinen Erörterungen über die spontane Entstehung des Organischen diese erste Zweckmäßigkeit als mechanische Nothwendigkeit begreiflich gemacht zu haben?

Die Urzeugung, welcher die spontane Bildung von Albuminaten vorausging, konnte nach der Meinung unseres Autors nur die kleinsten vollkommen einfachen Wesen hervorgebracht haben, „nur Tröpfchen von homogenem Plasma, ohne äußere Vorbildung und ohne innere Gliederung", sogenannte Probien, deren „Wachsthum und Fortpflanzung noch nicht innerlich geordnet war" und erst mit der Zeit dadurch, daß dasselbe zweckmäßige Ordnung gewann, zu wahren Organismen führte.*) Die ursprünglich entstandenen Eiweißmicellen haben daher noch eine durchaus ungeordnete oder eine von den äußeren Einflüssen bedingte Anlagerung, und die anfänglich zwischen dieselben eingelagerten verhalten sich im Wesentlichen ebenso. Auch hat die Plasmamasse noch keine bestimmte Gestalt und Größe, und ihr Zerfallen in kleinere Massen hängt von zufälligen äußeren Umständen ab. „Wachsthum und Fortpflanzung gewinnen aber nach und nach durch innere Verhältnisse mehr Bestimmtheit. Da die Zunahme der Substanz durch Einlagerung von Micellen unter der moleculären Einwirkung der bereits vorhandenen geschieht, so muß mit der Zeit, wenn auch vielleicht sehr langsam, ein bezüglicher Einfluß auf ihre gegenseitige Stellung sich geltend machen. Die ursprüngliche, regellose oder von äußeren Umständen bewirkte Anlagerung muß zuletzt in eine geordnete und blos von der Natur des Eiweißmicells bedingte übergehen. Und dieses geordnete Wachsthum muß auch beim Zerfallen der sich vergrößernden Massen maßgebend mithelfen, also auch eine geordnete Fortpflanzung zur Folge haben." Schade, daß Nägeli versäumt hat, den Beweiß für die Nothwendigkeit dieses Ueberganges zu erbringen und die Verwandlung des Probion in den Urorganismus als mechanische Nothwendigkeit begreiflich zu machen. Mit dem leider versäumten Beweise hätte Nägeli nicht nur den Satz Kant's widerlegt, sondern überhaupt das größte Geheimniß der organischen Entwicklung aufgedeckt, welchem der menschliche Geist zu jeder Zeit rathlos gegenübersteht. Oder soll etwa die Behauptung, die ursprünglich regellose Anlagerung müsse eine geordnete, blos von der Natur des Eiweißmicells bedingte geworden sein, als Beweisführung gelten?

---

*) Nägeli, l. c. pag. 88.

Das also ist Nägeli's mechanische Erklärung für die in die Molecularstructur der organischen Substanz gelangte Disposition zur fortschreitenden Vervollkommnung, oder sagen wir besser, die unbewußt zu Grunde gelegte teleologische Voraussetzung, auf welche er seine Lehre stützt. Ist jene einmal gegeben und hiermit der Entwicklungsgang in Bewegung gesetzt, so tritt als mechanisches Moment das Beharrungsgesetz in seine Rechte ein, um denselben in aufsteigender Richtung zu erhalten. Jetzt kann das Uhrwerk, welches Nägeli an Stelle der Allmacht selbst im Handumdrehen aufgezogen hat, nicht mehr stille stehen, und die Maschinerie der organischen, in mechanischer Selbstthätigkeit zu immer höherer Vervollkommnung fortschreitenden Organismenwelt ist im Wesentlichen fertig. „Ist diese Umbildung einmal im Gange, so geht sie in mechanischer Nothwendigkeit in der eingeschlagenen Richtung fort, denn, wenn vermöge des geschaffenen Anfangs eine Generation Nachkommen erzeugt, die in einer Beziehung über sie hinausgehen, so müssen nach dem Beharrungsgesetz die Nachkommen dieser Nachkommen um einen weiteren Grad verändert sein, und die Ausbildung muß so weit gehen, als es die Natur der Verhältnisse erlaubt."

Gewiß wird man bereitwillig anerkennen, wie dies auch von anderer Seite in überschwänglichem Maße geschehen ist, daß sich Nägeli ebenso scharfsinnig die Zusammensetzung seines Idioplasmas, wie phantasievoll den Entwicklungsgang zurechtgelegt hat, aber ebenso bestimmt vermißt man nun auf dem weiteren, von dem unbegründet gebliebenen Ausgang aufgeführten Ausbau seiner Theorie die Beweisführung, daß die Wirklichkeit der Vorstellung entspricht, umsomehr, als Nägeli für die moleculare Gestaltung des in Form netzförmig anastomosirender Stränge gedachten idioplastischen Systems keine befriedigende Auskunft zu geben vermag, vielmehr das Zugeständniß ablegen muß, daß „die Configuration desselben, mit deren Erforschung die Lösung des größten Räthsels der Abstammungslehre gewonnen sei, noch im

Verborgenen liege". Und nicht besser steht es mit der molecular=
mechanischen Begründung der physiologischen Vorgänge. Gewiß erscheint
es berechtigt, sich im Idioplasma alle Eigenschaften des ausgebildeten
Organismus potentia enthaltend zu denken; aber gewinnen wir damit
eine Erklärung, daß wir uns dessen moleculare Zusammensetzung nach
Analogie des entwickelten Organismus kunstvoll aufbauen, uns die
Gruppirung der Micellen unendlich mannigfaltig vorstellen und dem=
gemäß „zahllose Combinationen wirksamer Kräfte", „zahllose Verschieden=
heiten in den durch diese bedingten chemischen und plastischen Vorgängen
der lebenden Substanz" annehmen, welche ebenso viele Verschiedenheiten
im Wachsthum, in der inneren Organisation, in der äußeren Gestaltung
und den Verrichtungen verursachen? Werden dadurch die Bildungsvor=
gänge, deren mechanische Abspielung Niemand bestreitet, ihres Dunkels ent=
kleidet, daß man die aufeinander folgenden, nicht näher bestimmbaren
Modificationen im Idioplasma und die wechselnden Einflüsse, unter
denen das Idioplasma seine Anlagen zur Entfaltung bringt, als die
ausschließlich wirksamen Ursachen einführt? Oder ist es mehr als eine
physiologische Vorstellung, sich „die Merkmale, Organe, Einrichtungen
und Functionen im Idioplasma in ihre wirklichen Elemente zerlegt"
zu denken und anzunehmen, „daß dasselbe die Anlagen für verschiedene
Organe in ähnlicher Weise zur Entfaltung bringe, wie der Clavier=
spieler auf seinem Instrumente die aufeinander folgenden Harmonien
und Disharmonien eines Musikstückes zum Ausdrucke bringt". Eine
Erklärung haben wir mit dieser von Jedermann getheilten Vorstellung
umsoweniger gewonnen, als sogleich das Eingeständniß folgen muß, daß
die Art und Weise, in welcher die Mittheilung der Bewegungen unter
den in dynamischer Verbindung stehenden Micellenreihen erfolge, für
die Molecularphysiologie zur Zeit ein Geheimniß sei. Ist es wirklich
möglich, im Ernste zu glauben, mittelst solcher, zwar mechanisch gedachter,
aber ebenso kunstvoll als willkürlich aufgebauter Constructionen

eine Theorie zur Lösung des großen Problems der Bildungsgesetze und der mit derselben eng verbundenen Stammesentwicklung begründen zu können? Das aus der Natur der Organisation abzuleitende Vervollkommnungsprincip bleibt vielmehr seinem Ursprunge nach ebenso dunkel wie die von Lamarck für unerklärbar gehaltene Ursache für die Stufenfolge der Organismen und fällt im Wesentlichen mit dieser zusammen.

Immerhin wird es als Verdienst Nägeli's gelten müssen, zuerst die Unzulänglichkeit des Darwinismus als Erklärungsprincip dargethan und in inneren Ursachen die treibenden Kräfte der organischen Entwicklung gesucht zu haben, wenn es ihm auch nicht glückte, das Wesen derselben und die mechanischen Vorgänge unserem Verständnisse näher zu führen. Die Ueberzeugung, daß die Grundbedingungen der Transmutation im Innern des Organismus selbst gelegen sind, ist seitdem eine immer allgemeinere geworden und man kann wohl sagen, daß der Fortschritt, den die weitere Ausbildung der Descendenzlehre im letzten Decennium genommen hat, auf diese Erkenntniß zurückzuführen ist.

Auf derselben beruht auch eine zweite Theorie, welche durch Weismann in einer Reihe von Schriften entwickelt und mit großem Geschicke verfochten wurde. Obwohl dieselbe mit der Lehre Nägeli's mehrfache Berührungspunkte gemein hat und insbesondere darin mit dieser zusammentrifft, daß sie die primären Ursachen der Veränderungen in die organische Substanz, und zwar (im Gegensatze zu dem hypothetischen Idioplasma) in das Keimplasma verlegt, weicht dieselbe doch in anderen Gesichtspunkten wesentlich ab. Vor Allem bleibt der Zuchtwahl ihre umfassende Wirkung ungeschmälert und hiermit die Erklärung der Zweckmäßigkeitserscheinungen im Sinne Darwin's unverändert. Dagegen wird der Einfluß der äußeren Einwirkungen auf ein sehr geringes Maß herabgesetzt und die Vererbung erworbener[*] Eigenschaften schlechthin geleugnet.

[*] A. Weismann, Ueber die Vererbung. (Ein Vortrag. Jena 1883.

Mit dieser Negation, welche den Ausgangspunkt der Lehre Weismann's bildet, trat aber die Forderung heran, den Hauptfactor der Selection, die Variation, in anderer Weise zu begründen, und zwar aus lediglich inneren Ursachen abzuleiten, wenn anders die Zuchtwahl überhaupt aufrecht erhalten werden sollte. So wurde Weismann zu den beiden Hypothesen über die Continuität des Keimplasmas *) und über die Bedeutung der geschlechtlichen Fortpflanzung **) geführt. Schon vorher hatten hervorragende Physiologen die Meinung ausgesprochen, daß die Vererbung der im individuellen Leben erworbenen Eigenschaften auf die Nachkommen eine unbewiesene und unhaltbare Voraussetzung sei. Die Schwierigkeit, ja Unmöglichkeit, die Uebertragung solcher im Leben des Individuums durch äußere Einflüsse veranlaßten Veränderungen auf das Keimplasma der Sexualorgane mechanisch zu erklären, welche auch nicht von Darwin durch die als Nothbehelf aufgestellte „Pangenesis" behoben werden konnte, war für Viele Grund genug, die Vererbung der erworbenen Eigenschaften in Abrede zu stellen. Fällt aber diese Hypothese hinweg, so hat nicht nur die directe Anpassung durch Gebrauch und Nichtgebrauch im Sinne Lamarck's jegliche Bedeutung verloren, sondern auch die Wirkung der Selection bleibt nur noch unter der Voraussetzung verwerthbar, als es die schon im Keimplasma potentia enthaltenen nützlichen Veränderungen sind, welche die Züchtung verwendet. Die Selection verrichtet nicht mit den Qualitäten des fertigen Organismus, sondern „mit den in der Keimzelle verborgenen Anlagen nützlicher Eigenschaften" ihre Arbeit. Dann würden alle Besonderheiten, welche das Individuum, sei es durch verstärkten oder verminderten Gebrauch und durch gewohnheitsmäßige Uebung, sei es mehr passiv

---

*) A. Weismann, Ueber die Continuität des Keimplasmas als Grundlage einer Theorie der Vererbung. Jena 1885.
**) A. Weismann, Die Bedeutung der sexuellen Fortpflanzung für die Selectionstheorie. Jena 1886.

durch die Wirkung der äußeren Verhältnisse im Laufe seines Lebens erlangt hat, mit seinem Tode verloren sein und für das Leben der Art nicht weiter in Betracht kommen. Nur das, was in der Beschaffenheit der Keimsubstanz seine Ursache hat und der Anlage nach schon in dieser gegeben war, wird sich auf die Nachkommen übertragen und eine dauernde Veränderung der folgenden Generationen zu bewirken vermögen. Die Auslese, welche im Kampfe um's Dasein zwischen den verschieden vortheilhaft ausgerüsteten Individuen stattfindet, kann nur insoweit auf einen Erfolg rechnen, als diese in ihren Sexualzellen die Anlagen gleich vortheilhafter Nachkommen enthalten und die Züchtung arbeitet streng genommen lediglich mit den Keimesanlagen, deren Vererbung auf die Nachkommen nur unter der Voraussetzung verständlich ist, daß das Substrat des Keimplasmas in der gesammten Kette der aufeinander folgenden Generationen in Continuität bleibt. Die Continuität des Keimplasmas ist demnach eine nothwendige Bedingung von Weismann's Lehre, und zwar die directe Continuität in dem Sinne, daß ein Theil des Keimplasmas, welches in der elterlichen Eizelle enthalten ist, beim Aufbau des Tochterindividuums nicht verbraucht wird, sondern zur Bildung der Keimzellen des letzteren in Reserve bleibt. Die Entstehung der neuen Keimzellengeneration erscheint alsdann als ein Vorgang des Wachsthums und der Assimilation, durch welche das Minimum des überkommenen Keimplasmas im Organismus des Nachkommen an Masse gewinnt und sich zu dessen Sexualanlage ausbildet. Nach Weismann's Vergleich würde man sich das Leben des Keimplasmas unter dem Bilde einer lang dahin kriechenden Wurzel vorstellen können, von welcher sich von Strecke zu Strecke einzelne Pflänzchen erheben, die Individuen der aufeinander folgenden Generationen, welche selbst nur nebensächliches Beiwerk darstellen.

Es bleibt dann aber noch die Hauptfrage zu beantworten, durch welche Ursachen die Variabilität in die Molecularstructur des Keimplasmas hineinkommt und wie durch das Wirken derselben die bestimmte und geordnete Aufeinanderfolge von Variationen ermöglicht wird, welche die Entwicklung der Abstufungen vom Niederen zum Höheren, vom Protoplasma bis zu Säugethiere zu erklären vermag. Die erste dieser Fragen beantwortet Weismann unter Bezugnahme auf das Wesen und den Ursprung der geschlechtlichen Fortpflanzung, die man schon seit Decennien sich allgemein aus dem Conjugationsvorgange der Protozoen und Protophyten ableitet. Bei den einzelligen Organismen, in deren Protoplasmaleib Keimzellen und Körperzellen noch nicht gesondert sind, werden die äußeren Einwirkungen die individuellen Variationen veranlassen und Abänderungen hervorrufen, welche sich, obwohl im Leben des Individuums erworben, auf die Nachkommen vererben. Denn bei der vorwiegenden, nur gelegentlich mit Conjugation wechselnden Fortpflanzung durch Theilung bleibt die Leibessubstanz von Tochter= und Mutterorganismus in unmittelbarer Continuität, ähnlich einer Knospe, an welcher die Eigenthümlichkeiten der Pflanze direct übertragen werden. Daher ist die erbliche individuelle Variabilität der Einzelligen als die Ursache für die Abänderungen der Keimzellen und die in jenen begründete individuelle Variabilität der Metazoen und Metaphyten zu betrachten, das heißt, es sind diese Keimesabänderungen aus den Lebens= und Fortpflanzungsvorgängen der Einzelligen entsprungen, welche unter Vermittlung von gleichartige Zellencolonien repräsentirenden Zwischengliedern die vielzelligen Thiere und Pflanzen entstehen ließen. Indem die durch Theilung auseinander hervorgegangenen Individuen zum Vortheil ihrer Erhaltung im gemeinsamen Verbande verharrten, traten zuerst kleine Colonien von gleichartigen Zellen auf, welche sämmtlich noch als gleichwerthige Elemente der Gesammtheit die Functionen der Ernährung und Fortpflanzung in gleicher Weise besorgten. Später aber differenzirten sich die Zellen der Colonie nach zwei Richtungen, indem die einen die Ernährung im weitesten Sinne übernahmen und zu Körper=

zellen wurden, die anderen als Keimzellen lediglich der Fortpflanzung dienten. Diese der Arterhaltung nützliche Modification mußte aber in einer Keimesänderung ihre Ursache haben und durch eine Veränderung der Molecularstructur des Keimplasmas vorbereitet sein. „Wenn, sagt Weismann, nun die Colonie aus irgend einem „äußeren Grunde" besser gediehe, wenn die in ihrer Keimzelle potentia gegebenen Molecül=arten sich bei der Entwicklung der Colonie nicht wie bisher gleich= mäßig auf alle Theilhälften vertheilten, sondern ungleich, so würde dies auf Grund der stets vorhandenen Variabilität geschehen können, und das Resultat würde sein, daß die Zellen der fertigen Colonie ungleich ausfielen." Mit dem einmal eingeleiteten Differenzirungsproceß des vielzelligen Thierleibes, für welchen unser Autor anstatt die innere mechanische Ursache der Entstehung klarzulegen, lediglich das regulirende Züchtungsprincip als Ursache der Erhaltung vorbringen kann, tritt aber auch die geschlechtliche Fortpflanzung in Wirkung, indem es nun lediglich die als Zoospermien und Eizellen differenzir= ten Keimzellen sind, durch deren Conjugation das zur Erzeugung des Nachkommens in Verwendung kommende Keimplasma gestaltet und in den Besonderheiten der Molecularstructur bestimmt wird. Die sexuelle Fortpflanzung ist es daher, welche die von den Einzelligen ererbte individuelle Variabilität erhält und steigert, und die große Zahl von Variationen in die Keimsubstanz hineinbringt, mit denen, falls sie vortheilhaft und nützlich sind, die Zuchtwahl ihre Arbeit ausführt. Nach Weismann hat demnach die sexuelle oder digene Fortpflanzung die Aufgabe, durch Vermischung verschiedener Vererbungstendenzen „das Material an individuellen Unterschieden zu schaffen, mittelst dessen die Selection neue Arten hervorbringt".[1])

Wenn wir nun die Lehre Weismann's, der wir die Aner= kennung nicht versagen können, daß sie mit reicher Phantasie und nicht ohne Consequenz durchgeführt wurde, auf ihre innere Wahrscheinlichkeit prüfen, so finden wir an derselben von zwei Gesichtspunkten aus unabweisbare Schwächen, deren Vertheidigung nur geringe Aussicht auf Erfolg bieten dürfte. In erster Linie ist dem Leben des Individuums für die Entstehung von Abänderungen jeder Einfluß so gut als abgesprochen, der Organismus selbst erscheint, von den Einzelligen abgesehen, für den Entwicklungsproceß mehr als werthlose Beigabe, als ein der Keimzelle aufgewachsener Appendix, mit welchem die Natur ihr nutzloses müßiges Spiel treibt. Dagegen erscheint die Keimzelle, um die von Weismann selbst gebilligte Ausdrucksweise Spitzer's zu wiederholen, als das eigentliche schöpferische Gebilde in der organischen Welt, und somit die geschlechtliche Fortpflanzung als der eigentliche Schöpfer, der die moleculare Constitution der Keimzellen in unzähligen und immer neuen Combinationen mischt und dem Selectionsprocesse die Möglichkeit des Wirkens schafft.

Thatsächlich aber ist der Sachverhalt, so weit wir durch Beobachtung und Erfahrung unterrichtet sind, gerade der umgekehrte. Die Individuen sind die realen Objecte des Naturlebens, an welchen und durch welche sich alle organischen Erscheinungen abspielen. Sie sind auch die Träger des Keimplasmas, welches lediglich als differentialer Theil des ganzen Organismus und in Abhängigkeit von dem Leben desselben gedacht werden muß. Alles, was auf diesen gestaltend und verändernd einwirkt, muß auch einen Einfluß auf dasjenige Organ ausüben, welches das assimilirende und wachsende Material des Keimplasmas birgt. Daß dem so ist, konnte auch Weismann nicht entgehen und wurde auch von ihm mit in Rechnung gebracht, um alsbald zu einem Zugeständnisse Anlaß zu geben, welches mindestens die Consequenz der Theorie beeinträchtigt, wenn nicht gar einen verhängnißvollen Widerspruch in dieselbe einführt. Vielleicht, meint Weismann, könne die Molecularstructur des Keimplasmas doch auch durch sehr lange fortwirkende Einflüsse derselben Art verändert werden, und „es scheine die

Möglichkeit nicht abzuweisen, daß lange, d. h. durch Generationen hindurch andauernde Einflüsse, wie Temperatur, Ernährungsmodus u. s. w., die die Keimzellen so gut wie jeden anderen Theil des Organismus treffen können, Veränderungen in der Constitution des Keimplasmas hervorrufen werden". Auch erscheint es kaum als Abschwächung dieses Zugeständnisses, wenn in der weiteren Ausführung folgt: „Aber solche Einflüsse würden dann keine individuellen Variationen hervorrufen, sondern sie müßten alle Individuen derselben Art, welche auf einem bestimmten Gebiete wohnen, in der gleichen Weise²⁾ verändern", mit welcher die Möglichkeit eingeräumt wird, durch die Wirkung veränderter äußerer Bedingungen die Entstehung klimatischer Varietäten und anderer Erscheinungen von Variation zu erklären. Ist aber einmal diese potentielle Anpassung, wie wir sie mit E. Haeckel bezeichnen können, für irgend welche Abänderungen zugestanden, welche als directe Folge von äußeren Bedingungen auftreten, so sieht man nicht ein, weshalb nicht auch bei der großen Zahl von Fällen, in welchen der Organismus durch größeren oder geringeren Gebrauch der Organe mehr activ reagirt, in gleichem Sinne ein indirecter Einfluß auf die Structur des Keimplasmas in Betracht kommen sollte, falls nur die functionelle Anpassung hinreichende Zeit und viele Generationen hindurch nach einer Richtung andauernd gewirkt hätte. Dann aber würde auch die ganze Fülle erworbener Eigenschaften nicht mehr von der Vererbung ausgeschlossen sein und eine der größten Schwierigkeiten in Wegfall kommen, die eben für Weismann Anlaß und Ausgang seiner Theorie war.

Sollte nun wirklich zur Zeit keine Thatsache vorliegen, welche den unangreifbaren Beweis für die Vererbung erworbener Eigenschaften liefert, so würde an deren Stelle das Gewicht einer Reihe von Erscheinungen treten, für welche ohne diese Annahme die Möglichkeit einer Erklärung entfällt. Gerade für die functionellen Anpassungen, wie Roux[*] die durch Gebrauch und Uebung erworbenen Eigenschaften des

---

[*] Wilh. Roux, Der Kampf der Theile im Organismus. Leipzig 1881.

Individuums treffend nennt, sind wir durch die Untersuchungen dieses Forschers über den Kampf der Theile im Organismus mit überzeugender Klarheit auf die Nothwendigkeit verwiesen worden, die Frage in bejahendem Sinne zu beantworten: „Es müßte überall bei der Entwicklung der Organe dasjenige, was die functionelle Anpassung in tausend Theilen des Organismus gleichzeitig Zweckmäßiges geschaffen hätte, dann erst durch tausende von Generationen dauernde, zufällige Variationen und durch Auslese immer wieder von Neuem, aber in vererbbarer Form, erworben worden sein, wenn die Wirkung der functionellen Anpassung absolut nicht vererblich wäre. Uebertragen sich dagegen ihre Bildungen, sobald sie mehrere Generationen hindurch erworben und erhalten worden sind, auf die Nachkommen, so findet damit eine große Zahl der Zweckmäßigkeiten des thierischen Organismus ihre Erklärung, sofern nur die functionelle Anpassung selbst erklärt ist."

Die functionellen Anpassungen sind aber das Beste und Höchste, was uns neben dem Wirken der Zuchtwahl die Wissenschaft seither im Sinne rein mechanischen Geschehens begreiflich machen konnte und, was soweit eine Erklärung möglich ist, eine solche erfahren hat. Wollten wir auf die Verwerthung derselben verzichten, so würden wir mit Nägeli und Weismann auf die geheimnißvollen Vorgänge im Innern des Idioplasmas und der Keimzelle beschränkt sein, die wir uns zwar als moleculär-mechanische Veränderungen theoretisch vorstellen können, deren factischer Verlauf aber unbekannt und überdies seiner wahren Ursache nach in völligem Dunkel bleibt. Das ist das Gemeinsame an den Theorien Nägeli's und Weismann's und wird nicht etwa, wie Letzterer meint, durch den Umstand widerlegt, daß er zur Begründung seiner Lehre eine einfache Thatsache verwerthe.' Wenn es auch eine Thatsache ist, daß bei der Befruchtung die Vererbungstendenzen, welche in der Eizelle schlummern, sich mischen, und daraus ein neuer Organismus mit einem bisher noch nicht dagewesenen Gemenge individueller erblicher Charactere hervorgeht, so ist doch damit das Geheimnißvolle des bezüglichen Vorganges nicht minder behoben als das Dunkel, welches in Nägeli's Vervollkommnungstendenz liegt, für deren Bestehen auch thatsächliche Verhältnisse der im Sinne der Vervollkommnung fortschreitenden Entwicklung geltend gemacht werden. In dem einen wie in dem andern Falle bleibt die wahre Ursache der molecularen Vorgänge verborgen und das Dunkel, welches in Nägeli's innerem Entwicklungsprincip als einer „besonderen phyletischen Kraft" gelegen ist, wird ausreichend gedeckt durch das Räthsel, welches für Weismann zu lösen bleibt, wenn er aus den durch die sexuelle Fortpflanzung gewonnenen Vererbungstendenzen im Vereine mit der Wirkung der Zuchtwahl die ganze organische Entwicklung von der Amöbe an in aufsteigender Ordnung bis zum Geiste eines Laplace ohne Hilfenahme eines andern Princips erklären will. Denn was ist diese in das Urkeimplasma hineingelegte Entwicklungsordnung Anderes als eine ihrem Wesen nach geheimnißvolle phyletische Kraft, über deren bewirkende Ursache wir ebensowenig durch Nägeli's zweckmäßig eingerichtete Vorgänge der Molecularmechanik, wie durch Weismann's Vererbungs- und Entwicklungstendenzen auch nur eine entfernte Auskunft erhalten. Auch in den von Letzterem verwertheten Variationen wird man doch nur Bedingung oder Anlaß zu der besonderen Structurgestaltung des Keimplasmas und diesen entsprechenden Bewegungsvorgängen der Moleculgruppen, nicht aber die bewirkende Ursache der Erscheinung selbst erkennen. Dieselben verhalten sich der wahren Ursache gegenüber ähnlich wie die Einflüsse äußerer Verhältnisse, welche zwar Veränderungen des Organismus anregen und bedingen, aber nicht deren bewirkende Ursache selbst sind. Weismann täuscht sich daher selbst, wenn er Nägeli's Annahme eines völlig unbekannten Princips gegenüber die Umwandlungen der Organismen lediglich aus den bekannten Kräften und Erscheinungen ableiten zu können glaubt. In Wahrheit steht derselbe mit Nägeli auf wesentlich gleichem Boden, auf der Supposition eines inneren, treibenden Entwicklungsprincips, wenn er auch die Annahme desselben nicht zugesteht und ohne dessen Hilfe auskommen zu können vermeint. Wenn Nägeli die Disposition zur Vervollkommnung zur Voraussetzung macht, freilich auch in der Meinung, dieselbe mechanisch begründen zu können, so muß Weismann eine bestimmt gerichtete und zweckmäßig geordnete Anlage des Urkeimplasmas annehmen und in dieses die bestimmende, unbekannte Ursache zurückverlegen, falls er nicht am Anfang und in all' den unzähligen einzelnen Phasen der folgenden Fortentwicklung dem Zufall die Rolle anweisen will, die vortheilhaften Aenderungen in der Molecularstructur des Keimplasmas entstehen zu lassen, mit welcher die Selection arbeiten konnte, um im Laufe der Zeit die ganze Fülle von Lebewesen in allen Abstufungen ihrer Organisation zu Stande zu bringen. Dann aber wäre wiederum dem Zufall die Bedeutung des Weltprincips eingeräumt, die, schon durch die Wahrscheinlichkeitsrechnung als unendlich unwahrscheinlich erweisbar, von jeder philosophischen Weltanschauung als unmöglich abgelehnt werden muß.

Offenbar ist Weismann in der Unterschätzung des Einflusses der äußeren Bedingungen auf die Umwandlung der Organismen zu weit gegangen und hat damit den Grund und Boden verloren, um unsere Einsicht in die Vorgänge der Transmutation wesentlich fördern und weiter führen zu können.

Nicht in dem Fallenlassen der Lamarck'schen Grundsätze und einfachem Aufgeben der directen Anpassungen, welche das Individuum während seines Lebens erfährt, sondern umgekehrt: in dem tieferen Eindringen in die Ursachen derselben, und ihrer Verbindung mit dem Selectionsprincipe liegt die Fortführung und Ausbildung der Descendenzlehre vorgezeichnet. Und in diesem Sinne hat auch bereits die Physiologie begonnen, die Natur und Entstehung der functionellen Anpassungen, welche im Einzelleben eine so große Rolle spielen, zu erforschen und für die Descendenzlehre zu verwerthen.

Darwin selbst räumt in seinem späteren Werke über das Variiren der Thiere *), im Gegensatze zu seiner früheren ablehnenden Stellung dem Lamarckismus gegenüber, die große Bedeutung des Gebrauches und Nichtgebrauches für die kräftigere oder schwächere Gestaltung und Leistung der Organe ein und erkennt die zweckmäßige Wirkung der functionellen Anpassung und damit ein Princip an, welches für viele Fälle, ohne Beihilfe der Zuchtwahl, auf directem Wege die Entstehung des Zweckmäßigen zu erklären vermag.

In der That sind die inneren Zweckmäßigkeiten des Organismus, die Wechselbeziehungen und Correlationen, welche in Form und Function zwischen den verschiedenen Organen des Individuums bestehen, ihrer Ursache nach aus der Auslese der Individuen nicht ableitbar. Schon Aristoteles war mit der Thatsache bekannt, daß die Organe nicht nur ihrer Leistung entsprechend zweckmäßig gestaltet sind, sondern daß sie auch ihre Arbeit gegenüber den wechselnden Verhältnissen der Außenwelt zweckmäßig reguliren, und nahm deshalb eine psychische Kraft an, welche als ernährende Seele ($\psi \nu \chi \dot{\eta}$ $\theta \rho \epsilon \pi \tau \iota \kappa \dot{\eta}$ neben der $\psi \nu \chi \dot{\eta}$ $\nu o \eta \tau \iota \kappa \dot{\eta}$) die Entwicklung und Ernährung aller Theile leite. Die moderne Physiologie hat den Nachweis zu geben versucht, daß diese innere Zweckmäßigkeit auf teleologischer Mechanik beruht, die sich entwickeln konnte, sofern die erste lebendige Materie die Fähigkeit besaß, in zweckmäßiger Weise auf ihre Umgebung zu reagiren.**) In jüngster Zeit hat besonders Wilhelm Roux***) diesen Gegenstand schärfer verfolgt und in geistvoller Weise das Princip der functionellen Selbstgestaltung des Zweckmäßigen begründet, nach welchem verstärkter Gebrauch jedes

---

*) C. Darwin, Das Variiren der Thiere ꝛc. 2. Aufl., 1873, pag. 400 ꝛc.
**) E. F. W. Pflüger, Die teleologische Mechanik der lebenden Natur. Bonn 1877.
***) Wilh. Roux, Der Kampf der Theile im Organismus. l. c.

Organ nicht nur vergrößert (den Dimensionen entsprechend, welche die Verstärkung der Thätigkeit leistet) und die specifische Leistungsfähigkeit desselben erhöht, sondern auch durch die trophische Wirkung functioneller Reize in seiner Structur zweckmäßig gestaltet.

Die große Zahl zweckmäßiger Anpassungen, wie z. B. in der feineren Architektur des Knochens, dessen Stützbälkchen in der Richtung des stärksten Druckes und Zuges verlaufen und mit dem Minimum von Material die höchste Stützkraft erreichen, und ebenso in der inneren Structur der activ thätigen Organe, wie Muskeln, Drüsen 2c., können nicht aus vereinzelten Abänderungen durch die Auslese gezüchtet sein, weisen vielmehr „auf das Vorhandensein von Qualitäten im Organismus hin, welche auf die Einwirkung functioneller Reize das Zweckmäßige in höchst denkbarer Vollkommenheit direct hervorzubringen, direct auszugestalten vermögen". Der Zuchtwahl gegenüber, welche zweckmäßige Eigenschaften nur vereinzelt, niemals in zahlreichen Combinationen gleichzeitig ausbilden kann, wird die functionelle Anpassung tausende von zweckmäßigen Anpassungen bei veränderten äußeren Lebensbedingungen gleichzeitig hervorbringen.

Aber auch darin kommt durch Roux's treffliche Arbeit Lamarck's Princip der directen Anpassung im Vereine mit der Selection zur vollen Geltung, daß die Vererbung der functionellen Anpassungen als auf die Nachkommen übertragene Disposition, wenn nicht positiv bewiesen, so doch im höchsten Grade wahrscheinlich gemacht wird. Im Gegensatze zu Weismann, welcher das Beispiel der Wale als an das Wasserleben angepaßter Säugethiere zum Beweise herausgriff, daß „Alles, was an den Thieren Charakteristisches ist, auf Anpassung durch Selection beruht", um damit das Wirken einer im Inneren gelegenen Entwicklungskraft zu widerlegen, beruft sich Roux auf den Uebergang der Wasserbewohner zum Land- oder Luftleben, und zwar gewiß mit weit größerem Rechte und um so besserem Erfolge, als die hier in Betracht zu ziehenden Anpassungen nicht wie jene der Wale ein secundäres und mehr vereinzeltes Verhältniß betreffen, aus dem ein allgemein giltiger Schluß überhaupt nicht gezogen werden kann, sondern eine wesentliche Phase in der Entwicklungsgeschichte des Thierreiches bezeichnen. Von derselben können wir aber mit Bestimmtheit behaupten, daß die Vervollkommnung „keine successive in den einzelnen Theilen war, sondern in fast allen Organen des Körpers eine gleichzeitige gewesen sein muß, weil günstige Variationen blos einzelner Theile auf einmal das Ueberschreiten dieser Periode nicht ermöglicht hätten". Zu dieser Zeit mußte also die gleichzeitige Ausbildung von tausend zweckmäßigen Einzelheiten stattfinden, was die Auslese, die nur wenige Eigenschaften auf einmal züchten kann, unmöglich hätte leisten können.

Worin aber und wie weit konnte seither die Ursache für dieses Princip der zweckmäßigen Selbstgestaltung erkannt und bestimmt werden? Nicht in der molecularen Structur und dem molecularen Geschehen, wie es sich nach chemisch-physikalischen Gesetzen unter den in jener gegebenen Bedingungen in bestimmter Weise nothwendig vollzieht, sondern in dem Wirken der Selection innerhalb des Organismus selbst, welche im Kampfe der Theile diese nützlichen Qualitäten züchtet. Bekanntlich besteht jeder Organismus aus einer Vielheit von Theilen, aus einer Genossenschaft von Elementen: die Metazoen und Metaphyten aus Zellen und Zellengruppen, während die Lebensvorgänge insofern einem Wechsel unterworfen sind, als Elemente beständig austreten und durch andere neugebildete ersetzt werden. Während des Aufbaues in der embryonalen Entwicklung, welche im Großen und Ganzen durch die Vererbung normirt ist, im Einzelnen aber erst durch die Verhältnisse bestimmt wird, gehen die Elemente selbst erst auseinander hervor, die einen Zellen entstehen aus den anderen, neue aus bereits vorhandenen. Es besteht auch keine absolute Gleichheit unter den zusammenwirkenden Theilen jeder Gruppe, sondern es wiederholt sich auch hier die Erscheinung der Variabilität, aus welcher beim Wachsthum im Zusammenhange mit dem Stoffwechsel ein heftiger Kampf der Theile entspringen muß. Es werden solche Theile, welche in diesem Kampfe in Bezug auf Ernährung und Productivität im Nachtheil sind, früher zu Grunde gehen als andere, welche als die functionell am meisten in Anspruch genommenen und daher begünstigten jene überdauern.

So besteht zunächst ein Kampf zwischen den Moleculen und ein solcher zwischen den Zellen, durch welchen Qualitäten gezüchtet werden, welche die Erscheinungen der functionellen Anpassung hervorzubringen vermögen und dem Organismus im Kampfe um's Dasein nützlich sind. Es besteht aber auch ein Kampf zwischen den Geweben und ein solcher zwischen den Organen untereinander, „welcher sowohl zur möglichsten Ausnützung des Raumes als zur Ausbildung eines der physiologischen Bedeutung der Theile für das Ganze entsprechenden morphologischen Gleichgewichtes führen mußte". Während somit der Kampf der Theile die innere Zweckmäßigkeit der Organismen und die größte Leistungsfähigkeit seiner functionell angepaßten Organe bedingt, regulirt der Kampf der Organismen um's Dasein die Zweckmäßigkeit in den Beziehungen derselben zu einander und zur Außenwelt.

Damit aber erscheint die Wirkung der Selection auch für die aus directer Anpassung entspringende Zweckmäßigkeit dargethan und zur Erklärung der Bildungsgesetze verwerthet. So wesentlich aber auch das Princip durch diesen Nachweis an Bedeutung gewonnen hat, so bleibt dasselbe doch trotzdem auf das eines Regulators beschränkt, durch welchen alles Nachtheilige eliminirt, das Nützliche erhalten und gesteigert wird.

Selbst die Frage, ob nun für jede Form der Zweckmäßigkeit die Möglichkeit der Zurückführung auf rein mechanisches Geschehen erwiesen sei, ist zur Zeit noch keineswegs beantwortet. Wenn auch sämmtliche Correlationen, welche zwischen verschiedenen Organen bestehen, durch die Wirkung des Kampfes der Gewebe und Organe als Folgen nothwendiger mechanischer Vorgänge zurückgeführt worden wären, so blieben noch immer die merkwürdigen Erscheinungen von Neubildung und Reproduction von Organen bei niederen Thieren zu erklären. Wollten wir dieselben aber auch im Sinne mechanisch nothwendigen Geschehens als erklärt voraussetzen, so würde doch das größere Problem über die innere Ursache der organischen Bildung und Entwicklung nach wie vor ungelöst erscheinen.

Es würden, um mit den treffenden Worten Roux's zu schließen „die morphologischen Grundprobleme nach wie vor ohne jede Erklärung bleiben: die Ausbildung von Richtungen aus den an sich richtungslose, oder die Gestaltung aus den an sich gestaltlosen chemischen Processen und die embryonale Entwicklung, die Hervorbildung des Complicirten aus dem Einfachen ohne differenzirende Ursache; und wir stehen vor diesen alltäglichen Erscheinungen nach wie vor als vor unbegreiflichen Wundern".

Anmerkungen.

¹) Wenn auch die Mischung von Vererbungstendenzen und die Herstellung mannigfaltiger und neuer Combinationen individueller Anlagen als Folge der sexuellen Fortpflanzung zugestanden werden kann, so wurde damit doch nicht die Bedeutung der letzteren erschöpft und der wesentliche Zweck derselben, dem gegenüber jene nur als accessorische Nebenleistung in Frage kommen kann, erkannt sein. Allerdings vermochte man bislang über die Bedeutung der sexuellen Fortpflanzung nur Vermuthungen aufzustellen und für diese aus den Erfahrungen lediglich Wahrscheinlichkeitsgründe abzuleiten. Angesehene Biologen glaubten dieselbe in einer für die Continuität der normalen Lebensvorgänge in der Generationsfolge nothwendigen Verjüngung zu bestimmen. Wenn auch in den sicher constatirten Fällen der Parthenogenese eine Ausnahme erwiesen sei, so müsse doch schließlich nach Ablauf einer gewissen Zahl von Generationen die Befruchtung des Eies zur Erhaltung der Art wieder erfolgen, um einer Hemmung und schließlichen Stillstand der vitalen Processe vorzubeugen.

Daß wir mit einer solchen auf einem immerhin geistreichen, aber hinkenden Vergleiche beruhenden Vorstellung dem Verständniß der wahren Bedeutung der sexuellen Fortpflanzung nicht näher treten, liegt auf der Hand, wie es in gleicher Weise ein unzureichender Nothbehelf bleibt, in dem Vorgang eine Stärkung der Kräfte des Organismus zu erkennen. Diesen analogen Ausweg schlägt Weismann ein, wenn er wenigstens für die erste Wirkung und Bedeutung der Conjugation, aus welcher die sexuelle Fortpflanzung entsprungen ist, als „vorläufige Formel" „die Stärkung der Kräfte des Organismus" annimmt, jedoch schon für die höheren Protozoen und vollends bei der eigenen Fortpflanzung der Vielzelligen zu Gunsten des aus der Variabilitätsquelle entspringenden Anpassungsvermögens fallen ließ. Der ursprüngliche physiologische Effect trat in den Hintergrund und wurde schließlich völlig verdrängt von der Bedeutung, welche die Vermischung verschiedener Vererbungstendenzen für die Bildung neuer Arten besitzt. Wie sich freilich ein solcher Functionswechsel vollziehen konnte, bleibt völlig dunkel und offenbar nur der Theorie zu Liebe supponirt, die jedoch aus zahlreichen, gleich zu erörternden Gründen, unmöglich befriedigen kann.

Andere Forscher, wie Strasburger*), haben den Nutzen der Befruchtung und somit den wesentlichen Zweck der sexuellen Fortpflanzung in der Beseitigung schädlicher Modificationen, welche bei fortgesetzt ungeschlechtlicher Fortpflanzung sich fixiren und durch Summirung in späteren Generationen die Entwicklung unmöglich machen könnten, zu finden geglaubt. Im Wesentlichen fällt diese Meinung freilich mit der ersteren Auffassung zusammen, von der sie sich nur durch eine bestimmtere Form der Vorstellung unterscheidet. Mit derselben deckt sich auch die jüngst von B. Hatschek**) ausgesprochene Ansicht, daß die geschlechtliche Fortpflanzung als eine Correctur schädlicher Variabilität zu betrachten sei, welche unter dem Einfluß der besonderen Lebensbedingungen entstanden, bei ausschließlich ungeschlechtlicher Fortpflanzung zur Erkrankung und schließlich zum Aussterben der Nach-

---

*) E. Strasburger, Neue Untersuchungen über den Befruchtungsvorgang bei den Phanerogamen als Grundlage für eine Theorie der Zeugung. Jena 1884, pag. 140.

**) B. Hatschek, Ueber die Bedeutung der geschlechtlichen Fortpflanzung. Prager med. Wochenschr. 1887, Nr. 46.

kommen führen würde. Gewisse Anhaltspunkte zur Unterstützung dieser Deutung liefern auch die dem Gärtner und Thierzüchter längst bekannten nachtheiligen Folgen strenger Inzucht, die für sich allein schon geeignet sind, darzuthun, daß man den physiologischen Werth der sexuellen Fortpflanzung in einer anderen Richtung als in der einer für die Artenbildung nothwendigen Variabilitätsquelle zu suchen habe.

Gegen die Verjüngungshypothese und noch weniger gegen deren in bestimmtere Fassung formulirte Modification kann nicht etwa die Thatsache der Parthenogenese als unausgleichbarer Widerspruch geltend gemacht werden, denn selbst wenn jene im Sinne Weismann's*) zurecht gelegt werden sollte, so würde die Parthenogenese nur in dem Falle zur Widerlegung derselben verwendet werden können, daß die Parthenogenese für einzelne Thier- oder Pflanzenarten die einzige Fortpflanzungsform sei. Von dieser für seine Lehre allerdings höchst günstigen Annahme geht Weismann aus, ohne für dieselbe jedoch einen Beweis zu erbringen, den man zumal bei so ausgiebiger Verwerthung des Satzes als erste Bedingung verlangen müßte. Es macht einen fast überzeugenden Eindruck, wenn jener Autor so bestimmt behauptet, „es gibt aber auch einzelne Fälle, in denen die sexuelle Fortpflanzung ganz ausgefallen ist und Parthenogenese die einzige Form der Fortpflanzung bildet" und als Beispiele auf einzelne Kruster des süßen und salzigen Wassers, manche Blattläuse und Gallwespen hinweist. So begründet nun auch die Vorstellung sein mag, mit deren Hilfe der Versuch gemacht wird, aus dem Vortheile für die Arterhaltung die Entstehung parthenogenetischer Fortpflanzung zu erklären, so dürfte doch wohl die Anwendung desselben Erklärungsprincipes zur Ableitung des gänzlichen Ausfalls der geschlechtlichen Fortpflanzung zu Bedenken und Zweifel Anlaß geben. Wenn, meint Weismann, eine

*) A. Weismann, Die Bedeutung der sexuellen Fortpflanzung. Jena 1886, pag. 47—50.

Crustaceen Art mit heterogener Fortpflanzung in noch höherem Grade als bisher von Feinden decimirt wurde, so würde offenbar in einer noch mehr gesteigerten Fruchtbarkeit der drohenden Vernichtung Schach geboten werden können. Diese aber würde durch reine Parthenogenese erreicht werden können, indem dadurch die Zahl der Eier producirenden Individuen der Geschlechtsgenerationen auf das Doppelte der bisherigen Zahl vermehrt würden. Da jedoch mit diesem Ausfall nach Weismann's Theorien die Möglichkeit, die erblichen individuellen Charaktere zu mischen und veränderten Verhältnissen zweckmäßig anzupassen, verloren geht, so sind solche Arten auf den Aussterbe Etat gesetzt und müssen im Laufe der Zeit verschwinden. Es wäre gewissermaßen ein letztes und verzweifeltes Mittel, welches die Natur ergreifen müßte, der Arterhaltung wegen die sichere Vernichtung der Art einzuleiten. Das scheint mir doch ein Widerspruch, zumal in Anbetracht der zahlreichen Regulatoren, welche der Natur zu Gebote stehen. In der That müßte man schon starker Dysteleolog sein, um in der Natur eine so unzweckmäßige, die Zerstörung einer Lebensform in sichere Aussicht stellende Regulirung für wahrscheinlich zu halten.

In Wahrheit aber hat die entgegengesetzte Ansicht theoretisch und erfahrungsgemäß eine weit größere Berechtigung, welche den Ausfall der sexuellen Fortpflanzung und somit das Vorkommen ausschließlicher Parthenogenese im Naturleben in Abrede stellt und die zur Zeit noch für einzelne parthenogenetisch sich fortpflanzende Arten bestehende Unbekanntschaft des wahrscheinlich nur unter besonderen allgemeinen und localen Bedingungen auftretenden Männchens der unzureichenden Forschung Schuld gibt. und den Nachweis derselben von der Zukunft erwartet. In diesem Sinne können bereits die seitherigen Erfahrungen, wenn sie auch nicht den Werth eines Beweises ersetzen, wenigstens als Fingerzeig gelten. Die erst in den letzten Decennien gemachten Entdeckungen der Männchen von Apus, Psyche helix und Limnadia, sowie die ganz kürzlich von

Blochmann gegebene Aufklärung bezüglich der so lange vergebens gesuchten Geschlechtsgeneration der Tannenlaus (Chermes abietis) sollten uns zur Vorsicht mahnen und vor übereilter Annahme rein parthenogenetischer Fortpflanzung auch da, wo es seither nicht glückte, die Männchen aufzufinden, zurückhalten. Wenn wir z. B. sehen, daß von Artemia und anderen Phyllopoden an manchen Oertlichkeiten lediglich agame Weibchen mit parthenogenetischer Fortpflanzung gefunden werden, an anderen Localitäten aber gelegentlich beide Geschlechter auftreten, so wird das gleiche auch für jene Bosmina- und Chydorus-Arten, deren Männchen bisher nicht bekannt geworden sind, sowie für die zwei Ostracoden mit parthenogenetischer Fortpflanzung (Cypris vidua und reptans) Geltung haben.

Auch das Vorhandensein der complicirten Receptacula seminis dürfte in hohem Grade wahrscheinlich machen, daß thatsächlich gelegentlich Männchen auftreten, und dann die Begattung und mit derselben die Samenfüllung der beiden Taschen und die Befruchtung der sonst zur parthenogenetischen Entwicklung befähigten Eier erfolgt. Weismann hatte nun darauf hingewiesen, daß auch die Samentasche der Chermesweibchen im Gegensatze zu den Sommerweibchen der Blattläuse, bei denen dieselbe verloren gegangen ist, unverkümmert bleibt und diesen Unterschied darauf zurückgeführt, daß bei den Aphiden die geschlechtliche Fortpflanzung geblieben ist, und sexuell entwickelte Generationen mit den viviparen agamen Formen regelmäßig alterniren, während Chermes abietis in Folge des Ausfalles der männlichen Thiere bei der ausschließlich verbliebenen monogenen Zeugung die Möglichkeit der Rückbildung von Organen und somit auch der Samentaschen verloren habe.

Indessen auch ohne die inzwischen gemachte Entdeckung der Männchen von Chermes abietis mußte das Unzutreffende dieses Erklärungsversuches einleuchtend sein, da bei verwandten Rindenläusen mit längst bekannten Männchen die parthenogenesirende Generation ebenfalls mit Receptaculum seminis behaftet ist. Dagegen dürfte die Erhaltung der Samentasche vielleicht darauf zurückzuführen zu sein, daß die Heterogonie dieser Rindenläuse jüngeren Ursprunges als die der Aphiden ist, deren agame Generationen ja auch nach anderen Richtungen tiefer greifende Veränderungen erfahren haben.

Die Ansicht von der Unfähigkeit rein parthenogenetisch sich fortpflanzender Arten, im Laufe der Generationsfolge noch weitere, veränderten Verhältnissen entsprechende Anpassungen, beziehungsweise Rückbildungen, zu erfahren, scheint daher schon aus dem Grunde hinfällig, weil solche Arten überhaupt nicht existiren, wenigstens das Vorkommen derselben an keinem Beispiele erwiesen ist. Aber auch in dem Falle, daß dieser Nachweis noch erbracht werden sollte, würde ich jene Ansicht schon deshalb für irrig halten müssen, weil die zweite derselben zu Grunde liegende Voraussetzung, nach welcher die sexuelle Fortpflanzung die einzige Quelle vererbbarer Variationen sei, eine höchst unwahrscheinliche Hypothese ist. Wird überhaupt die Möglichkeit der potentiellen Vererbung zugestanden, so wird die Wirkung derselben an dem aus dem Eie hervorgehenden Keime zur Geltung kommen, gleichviel, ob Befruchtung erfolgt war oder nicht.

Wenn wir an dem, wie mir scheint, gesicherten Satze festhalten, daß vermehrter Gebrauch zu einer Stärkung und Fortbildung des Organes führt und somit unter dem Einflusse der bislang keineswegs widerlegten potentiellen Vererbung neue Varietäten und Arten veranlassen kann, so werden wir keinen Grund haben, auch den zweiten Satz Lamarck's von dem Einflusse des Nichtgebrauches auf Verkümmerung und Rückbildung der Organe, in einem anderen Sinne zu erklären zu müssen. Der Ausweg, zu welchem Weismann in Consequenz seiner Lehre gedrängt wird, um die Rückbildung als Folge der Panmixie verständlich zu machen, scheint mir bei consequenter Verfolgung zu Widersprüchen zu führen und für sich allein auszureichen, um das Unhaltbare dieser Lehre darzuthun.

Ist der Weg der Erklärung für den ersten Satz richtig, so muß derselbe auch für den zweiten zutreffen, weil sich dieser auf die gleichen, nur dem Grade nach verschiedenen Vorgänge stützt. Der functionellen Hypertrophie, beziehungsweise Hyperplasie entspricht beim Nichtgebrauch die functionelle Atrophie, welche in allen Fällen für den Organismus zweckmäßig und von Nutzen ist und somit ebenso gut als jene Ausgang zu positiver Züchtung werden kann.

Nicht durch Nichtgebrauch, sondern durch Ausfall der Naturzüchtung, die gewissermaßen ihre schirmende Hand von dem Organe hinwegzieht, soll das überflüssige Organ nothwendig im Laufe der Generationen von seiner Höhe herabsinken und rückgebildet werden. Nun sind es aber unter der großen Zahl von Theilen, aus welchen der Organismus besteht, immer nur ein oder doch nur sehr wenige Theile, welche die Naturzüchtung gleichzeitig betreffen kann, es werden daher auch die sehr zahlreichen, nicht überflüssigen Organe von der Zuchtwahl nicht beeinflußt, jedoch ohne in Folge der Panmixie Rückbildungen zu erfahren. Der Einwand, daß diese Organe mit Rücksicht auf ihre für das Leben des Ganzen nothwendige Function nicht in Betracht kommen und nur solche Theile, welche wegen ihres Nichtgebrauches überflüssig geworden sind, von den Folgen der negativen Naturzüchtung betroffen werden können, weist denn doch wieder auf den Nichtgebrauch, als auf die wesentliche Ursache hin, der gegenüber es nicht angeht, die Rückbildung als ein „post hoc" und nicht als ein „propter hoc" zu denken.

2. Variationen, welche in Folge klimatischer und tellurischer Umgestaltungen durch die Veränderungen der Lebens- und Ernährungsbedingungen an einer großen Zahl von Individuen derselben Art hervorgerufen werden, scheinen zur Erklärung des Artenwechsels nicht nur nicht ausgeschlossen, sondern dürften gerade eine um so größere Bedeutung beanspruchen, als nach den Erfahrungen der Geologie und

Paläontologie jenen Umgestaltungen der Artenwechsel der Bewohner parallel geht.

Dazu kommt, daß für solche Fälle, in denen die veränderten Verhältnisse der Außenwelt die primäre Ursache des Auftretens bestimmter Abänderungen bilden und diese sogleich an zahlreichen Individuen entstehen lassen, der von Dubois-Reymond, Mivart und Volkmann erhobene Einwurf bezüglich des geringen oder gar fehlenden Nutzens minimaler Variationen in Wegfall kommt und insbesondere der von Moriz Wagner in dessen Migrationslehre betonte Mangel der Isolirung für den Erfolg der natürlichen Zuchtwahl keine Schwierigkeit mehr bereitet.

Wenn vortheilhafte Abänderungen nur einmal an einem oder an wenigen Individuen ganz vereinzelt zur Erscheinung kommen, so werden dieselben schwerlich Aussicht haben, durch die Wirkung der Selection erhalten und zu Varietäten und Arten gesteigert zu werden. Eine dem Niata-Rinde oder dem Ancona-Schafe analoge vereinzelt aufgetretene Variation wird gewiß, auch falls dieselbe der Arterhaltung nach noch so nützlich ist, im freien Naturleben nicht zur Entstehung einer Race führen können. Erst wenn durch den primären Anlaß physikalischer Ursachen zahlreiche Lebensformen von der gleichen Variationstendenz ergriffen werden, kann die natürliche Züchtung für die Erhaltung und Steigerung bestimmter und nützlicher Modificationen erfolgreich wirken (C. Claus, Lehrbuch der Zoologie, 4. Auflage, pag. 180).